A Mariologia e as Mariofanias atuais

PE. JOSÉ ULYSSES DA SILVA C.Ss.R. (Org.)

A Mariologia e as Mariofanias atuais

"Todas as gerações me chamarão bem-aventurada!" (Lc 1,48)

EDITORA SANTUÁRIO

Dados Internacionais de Catalogação na Publicação (CIP) de acordo com ISBD

S586m Silva, José Ulysses da

A mariologia e as mariofanias atuais / José Ulysses da Silva. - Aparecida : Editora Santuário, 2025.
240 p. ; 14cm x 21cm.

Inclui bibliografia.
ISBN: 978-65-5527-509-4

1. Religião. 2. Cristianismo. 3. Mariologia. 4. Teologia. 5. Igreja Católica. I. Título.

2025-2003 CDD 240
CDU 24

Elaborado por Vagner Rodolfo da Silva - CRB-8/9410

Índice para catálogo sistemático:
1. Religião : Cristianismo 240
2. Religião : Cristianismo 24

1ª impressão

Rua Pe. Claro Monteiro, 342 – 12570-045 – Aparecida-SP
Tel.: 12 3104-2000 – Televendas: 0800 - 0 16 00 04
www.editorasantuario.com.br
vendas@editorasantuario.com.br

Sumário

Apresentação

O XVII Congresso Mariológico, a partir do tema: *"Todas as gerações me chamarão Bem-aventurada!" – A Mariologia e as Mariofanias atuais*, debruçou-se sobre um fenômeno importante e sempre presente na história de nossa Igreja: as aparições de Nossa Senhora e as experiências místicas marianas. Ao mesmo tempo, abriu o leque das reflexões para contextualizar esse fenômeno dentro da Mariologia e dos desafios pastorais de nossos dias. Neste livro foram reunidas todas essas reflexões, apresentadas por renomados estudiosos, que abordaram temas variados, proporcionando uma profunda imersão na espiritualidade mariana, e que certamente servirão como instrumento de discernimento teológico e pastoral.

Iniciamos com o Ir. Afonso Murad, que tratou do tema: **Aparições Marianas. Questões Atuais para o Discernimento,** no qual ele explora as aparições marianas contemporâneas, um tema complexo e polêmico. Ele discute os critérios para discernir sua autenticidade e relevância espiritual, evitando assim uma devoção desequilibrada.

Professora Lúcia Pedrosa de Pádua ofereceu a reflexão: **Experiências Místicas Marianas. Um Despertar para a Fortaleza e o Amor.** Ela nos conduz por um caminho de experiências místicas marianas, destacando como essas vivências podem fortalecer a fé e o amor dos fiéis. Enfatiza que essas experiências nos aproximam do mistério de Deus e que Maria, unida ao mistério de Deus feito humano em Jesus, encontrou a "pérola de grande valor", ao viver plenamente o plano divino.

Pe. Alexandre Awi Mello refletiu sobre: **A Piedade Mariana e seu Culto Litúrgico, Fontes de Espiritualidade Cristã.** Ele falou sobre a importância da piedade mariana e seu culto litúrgico como fontes ricas de espiritualidade e devoção cristã. O autor destaca que todas as formas de piedade mariana, sejam litúrgicas ou populares, são expressões do culto mariano e alimentam a espiritualidade cristã. A relação afetiva e pessoal com Maria é essencial para uma espiritualidade profunda e autêntica. Conclui que a piedade mariana, corretamente entendida e praticada, é um caminho favorável ao crescimento espiritual dos fiéis.

A teóloga Andreia Cristina Serrato retomou um documento importante para a mariologia: ***Marialis Cultus* – 50 ANOS: seu Valor e sua Atualidade.** Ao celebrar os 50 anos do documento "Marialis Cultus", do Papa Paulo VI, ela revisitou a história e o contexto da época quando aconteceu o Concílio Vaticano II, relembrando qual foi seu impacto e qual a relevância para a mariologia e para os dias atuais. Esse importante documento do

Magistério continua a ser referência para compreender e promover uma relação mais profunda com a Mãe de Jesus, em meio a tantos desafios e questões do mundo atual.

Carlos André Silva de Moura refletiu sobre a questão: **Duas Aparições e Uma Mensagem: Histórias Conectadas entre as Narrativas de Nossa Senhora das Graças (Brasil) e Fátima (Portugal).** Ele consegue traçar paralelos entre as aparições de Nossa Senhora das Graças, no Brasil, e de Fátima, em Portugal, revelando conexões profundas entre essas narrativas.

Finalmente, o Prof. Me Vinícius Paiva apresentou um tema bem atual e necessário: **As Relações do Jovem da Geração Atual com Maria: Valores e Contravalores.** Nele, ele analisa como os jovens de hoje se relacionam com Maria, discutindo os valores e contravalores presentes nessa relação. Propõe que a devoção a Maria deve ser orientada de maneira saudável e profunda, evitando que se torne puramente emocional ou sentimentalista, como Papa Francisco tem reforçado: Maria é um importante modelo para a juventude, antes de tudo.

> Diante dos fenômenos atuais de aparições e de experiências possivelmente místicas da Virgem Maria, nós nos fizemos a pergunta: Como é que a nossa geração está cumprindo a profecia Maria em Lc 1,48: "Todas as gerações me chamarão bem-aventurada"? Até que ponto essas experiências e visões são dignas de credibilidade?
>
> O Congresso foi primeiramente um encontro de irmãos e irmãs, sem nenhuma pretensão de elaborar julgamentos sobre tais acontecimentos, mas provocar muito diálogo e muita reflexão.

Certamente, essas palestras, aqui apresentadas, inspiram e enriquecem a espiritualidade de todos os leitores, proporcionando uma compreensão mais profunda, um discernimento mais objetivo e uma devoção renovada à Virgem Maria.

Pe. José Ulysses da Silva, C.Ss.R.
Organizador

1
Aparições marianas. Questões atuais para o discernimento

Afonso Murad[1]

Introdução

Já faz tempo que mariólogos(as) e pesquisadores(as) da teologia espiritual têm se debruçado nos casos de presumíveis aparições de Maria e naquelas que foram aprovadas pela Igreja. A bibliografia é extensa e citamos apenas algumas, a título ilustrativo. Há obras teológicas e devocionais. Algumas, mais conscienciosas (De Fiores, 2006; Sociedade Mariologica Espanhola, 1987; Perella et Roggio, 2012). Em outras, predomina um visível triunfalismo mariano, no qual se colocam no mesmo patamar as aparições reconhecidas e outras que nem sequer foram submetidas à análise (Hierzenberger et Nedomansky, 1996; Swann, 2011).

[1] Afonso Murad é doutor em Teologia pela Universidade Gregoriana (Roma). Professor de teologia e pesquisador na Faculdade Jesuíta (FAJE), em Belo Horizonte. Ambientalista e escritor. Autor da obra "Maria, toda de Deus e tão humana" (Santuário-Paulinas).

A palavra “presumíveis” é importante. Significa que “pode ser”, mas não existe um grau de certeza absoluta e elas não foram submetidas à aprovação da autoridade da Igreja para esse fim. Há que levar em conta que a religiosidade de grande parte da população brasileira, seja ela católica, evangélica ou umbandista, é marcada por fascínio pelas manifestações extraordinárias, pelos milagres e outras formas de expressão do sagrado “fora do comum”. As pessoas buscam cura para males físicos e psíquicos e desejam ver “sinais do céu”, que sejam sensacionais, inusitados, maravilhosos.

Abordaremos neste capítulo o complexo e polêmico fenômeno das aparições marianas. Isso exige tanto do autor quanto do leitor(a) uma atitude prévia de não ceder aos extremos do maximalismo e do minimalismo marial. No primeiro caso, o devocionismo (devoção desequilibrada e acentuada) leva a uma valorização exagerada das mensagens dos videntes, como se fossem a melhor e única atualização da Revelação divina. Buscam-se a todo custo milagres e “sinais do céu”. Perde-se a centralidade de Cristo, pois as presumíveis mensagens atribuídas a Maria parecem mais importantes do que a Bíblia. No segundo caso, há uma atitude prévia de rejeitar as visões, pois elas são consideradas alienantes. Seriam pura invenção humana, que não merecem nem ser estudadas. Quando muito compreende-se o fenômeno com a perspectiva crítica das ciências humanas, como a antropologia cultural e a psicologia social. Cremos que o mais sensato e sábio é assumir a atitude de abertura aos possíveis casos de visões e aparições, com lucidez e critérios da teologia e da espiritualidade, servindo-se da ajuda das ciências[2].

O Dicastério para a doutrina da Fé (antes Congregação para a Doutrina da Fé), após a aprovação do Papa Francisco, publicou, em 4 de maio de 2024, as "Normas para proceder no discernimento de presumidos fenômenos naturais[3]". Esse importante documento dá balizas para o discernimento de um amplo leque de acontecimentos, tais como: visões, locuções, aparições, mensagens atribuídas a Jesus ou aos santos, materialização em estátuas (óleo, lágrimas, sangue...) e na hóstia consagrada (Normas, 2024, Introd, art. 6). Recorreremos a tal fonte em nossa reflexão, concentrando-nos nas visões e presumíveis aparições de Maria.

1. Visões e Aparições: o que são?

Iniciemos com uma distinção entre alguns fenômenos místicos relacionados a nossa reflexão.

* Locução: a pessoa sente que ouve a voz de Jesus, ou de Maria, em seu interior ou fora dele.

* Visão: provável manifestação divina, na qual a pessoa tem a sensação de ver e ouvir. As visões estão cercadas de elementos simbólicos, semelhantes aos sonhos.

---

[2] Ver nosso livro "Visões e Aparições. Deus continua falando?", Vozes, 1997. Também o capítulo 12 de "Maria, toda de Deus e tão humana", Paulinas, 2024, 10ª edição/reimpressão.

[3] Adotaremos a palavra "Normas", sempre que nos referirmos a esse documento. Ele está disponível em: https://www.vatican.va/roman_curia/congregations/cfaith/documents/rc_ddf_doc_20240517_norme-fenomeni-soprannaturali_po.html

* Aparição: a experiência da vidência, do ponto de vista da manifestação divina.

Uma pessoa pode ter visões de Jesus e de Maria, mas isso não significa que seja uma aparição. Há uma distância considerável entre as experiências subjetivas de alguém, na qual se misturam vários condicionamentos da subjetividade, do inconsciente coletivo e da cultura, e uma aparição reconhecida pela Igreja. Por essa razão, é necessário fazer um apurado processo de discernimento. Há visões destinadas ao crescimento espiritual de alguém que está no caminho da fé. Na história de santos e santas, há locuções ou visões que os levaram à conversão ou ao fortalecimento de sua opção por Jesus, especialmente em momentos de crise e de perseguições. Santo Inácio de Loyola († 1556), Santa Teresa d'Ávila († 1582) e Madre Teresa de Calcutá († 1997) experimentaram visões de Jesus no correr de suas vidas. Não são aparições, no sentido moderno que as caracterizamos.

O que caracteriza uma presumível aparição? Sinteticamente:

* Manifestação extraordinária de Jesus ou de Maria;

* Comunicada a um ou mais videntes (ou confidentes) como "revelação privada";

* Que a recebem e interpretam segundo suas características pessoais e de seu contexto (geográfico, histórico, cultural, espiritual...);

* Com a finalidade de favorecer seu crescimento espiritual, comunicar uma mensagem divina;

* E atualizar a Revelação de Deus em Jesus Cristo, acentuando alguns elementos do evangelho.

No início do cristianismo, nas comunidades paulinas, havia pessoas que recebiam o dom da profecia e durante os momentos de oração comunitária se pronunciavam, dando algumas orientações para a assembleia reunida. Os assim chamados "profetas" (Ef 2,20) eram uma autoridade reconhecida, com os apóstolos e os doutores. Eles traziam alguma palavra de edificação ou de crítica construtiva (Ef 4,11-12). Por vezes, a assim chamada "profecia" causou confusão e disputa de Poder. Paulo propõe que todos os carismas estejam a serviço da comunidade (1Cor 12-14). A prioridade reside no amor/caridade, e não os dons extraordinários. Aí se entende o que Paulo diz no cântico sobre o amor:

> Ainda que eu falasse línguas, as dos homens e dos anjos, se eu não tivesse o amor, seria como sino ruidoso ou como címbalo estridente. Ainda que eu tivesse o dom da profecia, o conhecimento de todos os mistérios e de toda a ciência; ainda que eu tivesse toda a fé, a ponto de transportar montanhas, se não tivesse o amor, eu não seria nada (1Cor 13,1-2).

No cristianismo de século I, surgiram pessoas e grupos que desviaram a comunidade da fé autêntica, da esperança e da caridade, em nome do Espírito Santo. Basta ver a imensa luta travada na 1ª Carta de São João contra o grupo gnóstico que dominou comunidades do discípulo amado. O escritor bíblico denuncia aqueles que tentavam substituir a prática do amor/ solidariedade pelo conhecimento, pois se consideravam os "perfeitos", os "iluminados". João rebate tal equívoco: "Todo aquele que ama nasceu de Deus e conhece a Deus. Quem não ama não conhece a Deus, porque Deus é amor" (1Jo 4,7-8). Os inimigos do apóstolo também negavam a encarnação do filho de Deus e se refugiavam em um falso espiritualismo. João então responde:

> Amados, não deem crédito a todos os que se dizem inspirados. Antes, examinem os espíritos, para saber se vêm de Deus, pois no mundo já apareceram muitos falsos profetas. Para saber se alguém é inspirado por Deus, sigam esta norma: fala da parte de Deus todo aquele que reconhece que Jesus Cristo se encarnou (1Jo 4,1-2).

A Didaqué, ou Ensino dos Apóstolos, escrito ao final do século II, alerta sobre os "falsos profetas". Há que se escutar aqueles que, inspirados por Deus, "falam para estabelecer a justiça e o conhecimento de Deus". Porém, deve-se estar atento aos sinais de um falso profeta, que seriam: hospedar-se em uma comunidade mais tempo que o necessário, comendo e bebendo sem limites; pedir dinheiro ou qualquer outra coisa para si; não viver conforme Jesus ensinou; pregar uma coisa e praticar outra (Didaqué, cap XI).

A lição vale também para hoje. Dons excepcionais, nos quais se incluem palavras de videntes, existem em função da missão da Igreja no mundo, e não devem ser colocados como se fossem “o máximo” da fé. Seu caráter de excepcionalidade não lhe confere a qualidade de infalível, ou de conter toda a verdade. As normas do Dicastério alertam que é preciso “purificar os elementos negativos”, que estão presentes em aparições ou em outras manifestações similares (Normas, 2024, Introd, art. 6).

As prováveis mensagens de Maria não são uma “transmissão on-line” do céu, e sim uma experiência humana mística e extraordinária. Ao mesmo tempo, comportam uma comunicação divina, combinada com a recepção e a interpretação por parte dos videntes. Pois cada ser humano compreende interpretando. As mensagens de videntes não são palavras literais de Maria. Para sermos mais precisos: mensagens de videntes são a expressão de sua experiência mística com a mãe de Jesus, que pode ser autêntica ou não. Elas apresentam diferentes graus de pureza. Não se trata de um conjunto de palavras comunicadas diretamente por Maria. Isso pode escandalizar pessoas que buscam verdades absolutas e inquestionáveis, em um mundo de tanta insegurança e confusão. Mesmo as mensagens de aparições reconhecidas pela Igreja devem ser discernidas pelas comunidades atuais, certificando-se de sua conveniência para a ética cristã, a espiritualidade e a evangelização. Analogicamente, aqui se aplica o critério paulino: tudo me é permitido, mas nem tudo é conveniente (1Cor 6,12).

Acrescente-se outra razão, muito simples. Nós, católicos, acreditamos que a Bíblia é a Palavra de Deus, em linguagem humana. Então, não se pode tomar isoladamente uma frase como se fosse a Palavra de Deus. Ou tomar um texto bíblico literalmente, "ao pé da letra", sem levar em conta os gêneros literários e a totalidade da Sagrada Escritura. Nesse erro, incorrem os fundamentalistas evangélicos, que dizem: se a Bíblia é Palavra de Deus, cada palavrinha ou frase da Bíblia vem de Deus. O magistério da Igreja, desde a Encíclica *Divino Afflante Spiritu* de Pio XII, tem orientado os fiéis sobre a leitura e o estudo da Bíblia, superando uma visão estática e literal (DAS 20-21). Ora, se alguém lê o livro dos Números ou do Levítico, encontrará lá muitas normas impossíveis de serem seguidas na atualidade, ou até em desacordo com a mensagem cristã. Então, se a Bíblia, fundamento de nossa fé, precisa ser interpretada e os textos isolados vistos em seu conjunto, com muito mais razão, isso deve acontecer com as mensagens de aparições.

2. Olhar teológico sobre as visões/aparições

Do ponto de vista teológico, as visões/aparições são consideradas como "revelações privadas" ou "particulares", mesmo que aconteçam para uma multidão. Elas estão subordinadas à Revelação de Deus em Jesus Cristo. Como se diz claramente na *Dei Verbum* do Concílio Vaticano II, *Deus se revela em gestos e palavras no correr da história, desvelando quem Ele é e seu desígnio salvador* (DV 1). A Revelação cristã alcança seu ápice em Jesus Cristo e se condensa no Cânon das Sagradas

Escrituras. Do ponto de vista constitutivo, a Revelação já se encerrou. Do ponto de vista da interpretação, a compreensão da revelação progride, pois o Espírito Santo nos conduz à verdade plena, até o fim dos tempos (Jo 16,13). Para os católicos, a recepção da Revelação se funda na Bíblia, enriquecida pela Tradição viva da Igreja (no passado e no presente) e o sentir dos fiéis (*sensus fidelium*), legitimados pela autoridade eclesial em diferentes níveis (bispos na sua diocese, conferência episcopal nacional e regional, sínodos, concílios e o Papa). Do ponto de vista da acolhida da Graça, uma manifestação sobrenatural pode ter o mesmo valor que a experiência cotidiana da fé, da esperança e da caridade, de milhões de cristãos, sem que nada de excepcional aconteça. O que conta, em último caso, é acolher o amor de Deus, derramado em nossos corações (cf. Normas, 2024, Introd, art.1-5.9).

O Catecismo da Igreja Católica apresenta, de forma sucinta e clara, a finalidade das chamadas "revelações privadas", como são as aparições marianas. Ali se afirma, sem dúvidas, que o conteúdo de mensagem de aparições não faz parte do núcleo da doutrina cristã católica.

> No decurso dos séculos tem havido revelações ditas "privadas", algumas das quais foram reconhecidas pela autoridade da Igreja. Todavia, não pertencem ao depósito da fé. Seu papel não é "aperfeiçoar" ou "completar" a Revelação definitiva de Cristo, mas ajudar a vivê-la mais plenamente, numa determinada época da história. Guiado pelo Magistério da Igreja, o sentir dos fiéis sabe discernir e guardar o que nestas revelações constitui um

> apelo autêntico de Cristo ou dos seus santos à Igreja (Catecismo da Igreja Católica, 67).

Alguns mariólogos, como o italiano Salvatore Perrella, utilizam o termo "mariofania" (Perrella; Roggio, 2012). Ou seja, uma manifestação de nossa Mãe glorificada, de diferentes maneiras. Uma revelação particular a um vidente ou uma estátua lacrimejante seriam diferentes tipos de mariofania. O conceito de mariofania acentua que Maria *se revela* aos videntes, visando abranger toda a humanidade. Ela é a protagonista e a "comunicadora" das Aparições. Tal conceito, aplicado às visões/aparições apresenta a vantagem de abranger diferentes fenômenos extraordinários ligados a Maria. Por exemplo: Nossa Senhora Aparecida no Brasil, a imagem de Maria que se desloca para o alto da montanha, dando origem ao santuário de Nossa Senhora da Penha (Vila Velha, ES), uma estátua mariana cujos olhos se movimentam (Quito, 1906). Mas tem um limite: tende a subestimar a participação ativa dos videntes e de seu grupo de apoiadores/divulgadores. Acentua o aspecto divino da comunicação, mas dá pouca atenção à natureza humana da recepção.

2.1. A preponderância das Aparições de Maria

Por que Deus se comunicaria a videntes especialmente por intermédio de Maria, e não diretamente por meio de Cristo ressuscitado ou do Espírito Santo? Stefano de Fiores reúne três argumentos utilizados por teólogos que defendem a prioridade das visões/aparições sobre outras comunicações de origem divina:

(1) Maria, como a serva do Senhor que em tudo realiza a vontade do Pai, é a pessoa que tem mais condições de transmitir o querer de Deus. Como servidora, ela é "a comunicadora ideal do que recebeu do Pai" com a máxima transparência (De Fiores, 2011, p. 10-16).

(2) Maria é mãe dos discípulos de Cristo, que continua a exercitar a maternidade espiritual, até o final dos tempos. As aparições seriam uma manifestação excepcional da presença materna e habitual de Maria na vida da Igreja e de seus filhos (De Fiores, 2011, p. 22). Ou, como afirma G. Colzani, "comunicações de sua materna solicitude".

(3) A condição celeste de Maria assunta ao céu faz com que ela, com seu corpo glorificado, efetivamente se comunique em diferentes tempos e lugares. Em analogia com as manifestações do Cristo ressuscitado nos evangelhos, as aparições seriam um encontro interpessoal de Maria com os videntes (De Fiores, 2011, p. 24-31). Nas aparições transparece o corpo glorioso de Maria, em distintas épocas e distintos contextos. Dessa forma, ela pode aparecer, falar, advertir, profetizar, e exortar os fiéis a voltar-se para Deus (De Fiores, 2011, p. 31; Perella et Roggio, 2012, p. 207-208). De Fiores chega a afirmar que Maria, totalmente envolvida pelo Espírito Santo e transformada conforme a imagem de seu filho ressuscitado, torna-se a "candidata única a desenvolver o ministério de mensageira divina" (De Fiores, 2011, p. 32-33).

Parece-nos que os três argumentos elencados acima padecem de certo maximalismo e não consideram suficientemente a mediação humana nas aparições. Além disso, não levam em conta que esse fenômeno, com poucas exceções (como Guadalupe), ganha visibilidade e importância a partir do catolicismo europeu, nos séculos 19 e 20.

2.2. Um possível núcleo comum das mensagens de aparições marianas

De 1900 a 2010, foram reconhecidas oficialmente pela Igreja ao menos onze aparições: Quito (Equador), Fátima (Portugal), Pontevedra e Tuy (Espanha), Beauring e Banneux (Bélgica), Akita (Japão), Kibeho (Ruanda), Finca Betania (Venezuela), Laus (França) e Champion (Estados Unidos). Curiosamente, Nossa Senhora de Laus é uma aparição atestada como tal em 2008, mais de 150 anos depois das visões de Benoîte Rencurel. Pergunta-se qual o significado de tal mensagem para a França atual, marcada pela indiferença religiosa, ateísmo e crescimento vertiginoso do islamismo? Basta pedir a conversão dos pecadores? Que incidência teria essa revelação particular, numa sociedade secularizada?

Como distinguir o núcleo das mensagens dos videntes nesse tempo? De Fiores (2011, p. 6-10) traça um quadro sinótico, no qual compara as mensagens de videntes de várias aparições reconhecidas pela Igreja, nos séculos 19 e 20.

De Fiores toma: La Salette (Itália, 1846), Lurdes (França, 1858), Pontmain (França, 1871), Gietrzwald (Polônia, 1877), Fátima (1917), Beauraing (1932), Finca Betania (Venezuela, 1976,1986,1990) e Kibeho (1981-1982). Segundo ele, todos os videntes dizem que Maria insiste na prática da oração. E sobretudo, a oração do Rosário. O segundo elemento de convergência é a conversão do pecado e o apelo à penitência. O terceiro fio condutor diz respeito à identificação de Maria como a Imaculada. O quarto elemento, não presente em todos, seria o sofrimento e a cura. Por fim, em três aparições há referências a um segredo. Há outros elementos, como o alerta sobre o final dos tempos e o pedido para construir um santuário. Ora, não parece que tais mensagens sejam muito restritas, limitadas ao ambiente devocional católico? Convém citar que a recomendação de rezar o Rosário está ausente no episódio de La Salette e de Pointman. Em La Salette, predomina o preceito de rezar e participar dos sacramentos, especialmente da missa dominical. E, se as pessoas não têm tempo, recitem ao menos um Pai-Nosso e uma Ave-Maria!

3. Processo de discernimento de visões/aparições. Orientações até 2024

Os critérios de discernimento acerca de acontecimentos tidos como "além da natureza" ou "sobrenaturais" se baseiam nas orientações de Próspero Lambertini, futuro papa Bento XIV († 1757), no documento *De relationibus*. Após o Concílio Vaticano II, o dicastério para a Doutrina da Fé elaborou as "Normas acerca do modo de proceder no discernimento de presumíveis aparições e revelações", em 1978. Tal documento foi enviado aos bispos de todo o mundo, mas não aberto ao público em geral. A publicação oficial data de 2011 (Perrella et Roggio, 2011, p. 146-151).

Por levar em conta os condicionamentos humanos e os riscos inerentes em toda experiência mística extraordinária, a Igreja estabeleceu na ocasião quatro critérios básicos para o reconhecimento das visões-aparições:

(a) Equilíbrio mental do vidente;

(b) Honestidade do vidente e de seu grupo;

(c) Qualidade da mensagem: de acordo com o Evangelho e a Tradição da Igreja;

(d) Frutos: melhoria na vida cristã e prováveis sinais extraordinários.

Quais eram os passos do processo de reconhecimento eclesial de uma provável aparição: (a) Surge o fenômeno; (b) O bispo local decide se inicia o processo de discernimento; (c) Pergunta-se aos videntes se aceitam participar; (d) Constitui-se uma comissão multidisciplinar que analisará os critérios de autenticidade; (e) Se todos os critérios forem positivos, o bispo emite seu parecer, que pode ser apoiado pela Conferência Episcopal e o Dicastério da Doutrina da Fé; (f) Caso perdurem dúvidas, o Vaticano constitui outra comissão de avaliação.

Do processo de discernimento seguiam-se as prováveis decisões:

(a) Não se pronunciar ainda, pois não há clareza e condições suficientes para uma palavra abalizada;

(b) Não aprovação, quando há equívocos nas mensagens, desonestidade do vidente, ou desequilíbrio psicológico, mesmo que acompanhados de conversões e curas;

(c) Declaração de que no fenômeno não há nada contrário à fé, mas faltam evidências de seu caráter sobrenatural;

(d) Aprovação (afirmando o caráter sobrenatural do evento)

Em que consistia o reconhecimento e aprovação da Igreja:

(a) Não se afirma que Maria apareceu lá, nem se obriga os fiéis a seguirem a mensagem dos videntes, pois se trata de uma "revelação particular";

b) Proclama-se que o fenômeno é "digno de fé humana" (quem acolhe a mensagem dos videntes não erra);

(c) Maria pode ser venerada com o nome dado pelos videntes e com a imagem correspondente,

(d) Autoriza-se a edificação de um santuário em honra de Maria, no local;

(e) Permite-se difundir em todo o mundo essa devoção.

O reconhecimento, de caráter devocional, estende-se a vários lugares e impacta progressivamente na liturgia. Conforme o contexto eclesial, "Nossa Senhora" é celebrada como memória, festa ou solenidade. Ao passar do devocional para o litúrgico, as *Nossa Senhoras* originárias de aparições adquirem caráter de manifestação oficial da Igreja. Mas tal "oficialização" não implica obrigatoriedade seguir as orientações deixadas pelos videntes. Essas continuam fora do "depositum fidei".

Como já vimos, do ponto de vista histórico, os tipos de visões/aparições que conhecemos hoje ganharam visibilidade e importância, a partir do século 19. Antes disso, as peregrinações e festas nos santuários marianos, em honra da Mãe de Deus, eram mais importantes do que os videntes e suas mensagens. Hoje, acontece uma personificação do vidente, ambígua e arriscada, em consonância com a sociedade midiática e seus *influencers*.

4. Normas para o discernimento de presumidos fenômenos sobrenaturais

Vejamos, resumidamente, o teor do Documento emanado pelo Dicastério para a Doutrina da Fé, publicado em sua versão definitiva em 17 de maio de 2024 (sigla: Normas).

4.1. Visão panorâmica

A apresentação, cujos 33 parágrafos não estão numerados, intitula-se "*Na Escuta do Espírito que opera no fiel Povo de Deus*". Para que o leitor(a) tenha mais fácil acesso, sinalizamos artificialmente os respectivos números. No que denominamos aqui de "preâmbulo", delineiam-se alguns fundamentos teológicos e pastorais, em sete parágrafos, que justificam as normas apresentadas no referido documento. Esses serão retomados na Introdução Geral das Normas (art.1-9). Resumidamente:

§1: O Espírito Santo opera na Igreja com liberdade e nos oferece dons que nos ajudam no caminho da vida e estimulam nosso amadurecimento espiritual, na fidelidade ao Evangelho. Esta ação do Espírito Santo inclui também a possibilidade de alguns eventos sobrenaturais.

§2: Tais eventos trouxeram de frutos espirituais, de crescimento na fé, de devoção e de fraternidade e serviço. Também deram origem a diversos Santuários.

§3: Deus semeia tanta vida e tanta beleza, para além dos nossos esquemas mentais e dos nossos procedimentos! As Normas abaixo não pretendem ser um controle ou tentativa de abafar o Espírito.

§4: Segundo São João da Cruz, o ser humano expressa de maneira limitada e insuficiente, com suas palavras, a experiência de Deus.

§5: Em alguns casos de eventos de presumida origem sobrenatural encontram-se problemas muito sérios, que provocam danos aos fiéis. Então, a Igreja deve agir com sua solicitude pastoral.

§6: É possível encontrar erros doutrinais, reducionismos indevidos no propor a mensagem do Evangelho, difusão de um espírito sectário etc. Ou ainda, "os fiéis serem arrastados por um fenômeno, atribuído à iniciativa divina, mas que é fruto somente da fantasia, do desejo de novidade, da mitomania ou da tendência à falsificação".

§7: A Igreja precisa adotar procedimentos claros, para discernir os presumidos fenômenos sobrenaturais.

No que denominamos aqui como "Preâmbulo" já transparece a posição equilibrada e sensata da Igreja católica. Afirma-se que o Espírito de Deus se comunica ao Povo de Deus de muitas maneiras. Uma delas consiste nas manifestações extraordinárias. Mas elas podem apresentar erros graves e enganar os fiéis. Assim, a Igreja estabelece normas para guiar o processo de discernimento. Convém recordar que tais normas não dizem respeito somente às visões e aparições. Mas no recorte que fazemos aqui trataremos exclusivamente delas.

Quais as razões para essa nova redação? (§13-18) Sentiu-se a necessidade de aperfeiçoar as normas de 1978, restrita aos bispos na época, e abertas ao público em 2011. Essas "não são mais suficientes e adequadas para guiar o trabalho do bispo e do dicastério" (§16). Apontam-se alguns limites das normas, até então em vigor, e as dificuldades que elas não deram conta de resolver.

Alguns bispos, ao aprovarem o fenômeno aparicionista em sua Igreja particular, afirmavam que esse tinha caráter sobrenatural e usavam expressões fortes, a ponto de fazer os fiéis "pensarem que eram obrigados a crer nessas manifestações, que às vezes eram mais valorizadas que o próprio evangelho" (§15).

Mesmo quando o bispo pedia o aval do dicastério, ele não podia mencionar que havia ratificação dessa instância, o que gerava certa confusão. Além disso, o fenômeno aparicionista hoje extrapola o âmbito de uma cidade ou diocese. Por isso não pode limitar-se ao parecer de bispo. Para terminar, tornou-se cada vez mais complexo e difícil declarar com certeza prática (ou moral) que uma presumível aparição tenha origem sobrenatural[4].

A permissão oficial da Igreja acerca de uma aparição, após um acurado processo de discernimento, limita-se agora a emitir um *Nihil obstat*. Ou seja: pode ser divulgada, pois não há nada que contradiz a fé e a ética cristã. Tal aparição (ou outra manifestação extraordinária) traz bons frutos espirituais e pastorais e não apresenta problemas importantes (§14, §18). Como já afirmava Bento XVI, os fiéis são autorizados a dar sua adesão a tal manifestação, de modo prudente (§21). A declaração de *Nihil obstat* "autoriza um trabalho pastoral positivo" ou supõe "uma outra determinação adaptada à situação concreta" (§23). Mais ainda. Ela permite aos bispos "agirem sem dúvidas nem lentidão para estar junto ao Povo de Deus no acolhimento dos dons do Espírito Santo, que podem brotar em meio a estes fatos" (§29). Essa foi a posição oficial da Igreja, ao

[4] A declaração de sobrenaturalidade de um evento aparicionista, uma via fora do trâmite comum, compete somente ao Papa, em caráter de exceção (§25).

declarar "Nihil obstat" para as aparições de Medjugorie, em 2024[5].

A ambivalência (ter ao mesmo tempo elementos positivos e negativos) de uma presumida aparição ou de outro acontecimento similar exige uma postura sábia e equilibrada. Evita-se a afirmação ingênua e idealista de que uma visão/aparição seria correta em todos os pontos. Ou, do lado oposto, que fosse mera ilusão humana (cf. §30). A aprovação da Igreja deve estar acompanhada de "certos esclarecimentos ou purificações". Pode acontecer que em uma verdadeira ação do Espírito Santo, atestada como tal pela autoridade da Igreja, apareça misturada com "elementos meramente humanos, como desejos pessoais, recordações, ideias às vezes obsessivas, ou a algum erro de ordem natural não devido à má intenção, mas à percepção subjetiva do fenômeno" (§30, I,15).

De fato, nas normas de 2024, há uma mudança substancial da atribuição do dicastério. De um lado, mantém-se a autoridade do bispo diocesano para conduzir o processo de discernimento. De outro, "o Dicastério deve ser consultado e intervir sempre para dar uma aprovação final a quanto for decidido pelo Bispo, antes que este torne pública a determinação sobre um evento de presumida origem sobrenatural" (§31).

---

5 Ver a declaração "A Rainha da Paz", do Dicastério para a Doutrina da Fé, sobre os frutos espirituais de Medjugorie, de 19/09/24. https://www.vatican.va/roman_curia/congregations/cfaith/documents/rc_ddf_doc_20240919_nota-esperienza-medjugorje_po.html#

Após essa longa apresentação, o documento do DDF (Dicastério para a Doutrina da Fé) **apresenta as Normas propriamente ditas**. A numeração dos artigos deixa o leitor confuso, pois é atribuída a cada parte separadamente. Obedece ao seguinte esquema:

Introdução (art. 1-9). São colocados elementos teológicos, espirituais e pastorais básicos para enquadrar corretamente os fenômenos aparicionistas, como: Revelação pública em Cristo; Prioridade da Palavra revelada; o Espírito Santo, guia para compreender e aprofundar a Revelação; a finalidade de uma revelação particular; a via normal de acolher a Graça e crescer na santidade; as manifestações extraordinárias e o risco de uma difusão midiática sem o devido discernimento; fenômenos que ultrapassam a explicação da ciência, mas que também devem ser analisados; a necessidade de realizar um acurado discernimento.

I. Orientações Gerais. Aqui se expõe a natureza do discernimento (art. 10-15) e as conclusões possíveis a que chegará o Dicastério, a partir da análise e do parecer do bispo local (art. 16-23).

II. Procedimentos a serem seguidos. *As normas substanciais* (art. 1-6), como indica o nome, contém uma visão panorâmica do caminho a ser trilhado pelo bispo local, que pode contar com a ajuda da província eclesiástica ou da Conferência Episcopal. Logo após, elas são detalhadas nas *normas de procedimento* (art. 7-25). O discernimento se realiza por fases: introdutória (art. 7-12), avaliativa (art. 13-17) e conclusiva (art. 18-26). O artigo 28 é de natureza conclusiva.

4.2. Critérios de discernimento e sua conclusão

Destacaremos a seguir dois pontos da Norma, de acordo com o escopo do nosso capítulo. Recomendamos que o leitor(a) acesse e conheça o documento, que está disponível gratuitamente no site do Vaticano. O primeiro diz respeito aos critérios de discernimento, que o bispo diocesano e a equipe por ele convocada devem levar em conta, na fase avaliativa do discernimento sobre uma presumida aparição. Contempla-se a figura dos videntes e de seu grupo de apoio, a mensagem por eles veiculada, a gratuidade e os frutos da presumida visão/aparição. Vejamos resumidamente.

Critérios positivos. Deve-se julgar:

1º – A credibilidade e a boa fama das pessoas e das testemunhas.

*Equilíbrio psíquico,

*Honestidade, retidão na vida moral, sinceridade,

*Humildade e docilidade para com o bispo (estar disponível para colaborar, espírito de comunhão eclesial).

2º – Coerência com a doutrina cristã católica (no fenômeno e na mensagem).

3º – Caráter imprevisível do fenômeno (não é fruto da iniciativa dos envolvidos).

4º – Frutos de vida cristã (espírito de oração, conversões, vocações, testemunhos de caridade, sadia devoção e frutos espirituais abundantes e constantes). Contribuição de tais frutos para a comunhão eclesial (Normas, 2024, II, art. 14).

Critérios negativos. Deve-se verificar de forma acurada:

1º – Erro manifesto acerca do fato.

2º – Erros doutrinais (Acrescentar elementos humanos não por má intenção, mas devido à percepção subjetiva do fenômeno).

3º – Espírito sectário, que gera divisão no tecido eclesial.

4º – Busca evidente de lucro, poder, fama, notoriedade social, interesse pessoal ligado ao fato.

5º – Atos gravemente imorais realizados pelo sujeito ou por seus seguidores.

6º – Alterações psíquicas ou tendências psicopáticas, que influenciam o presumido fato sobrenatural, ou psicose e outros elementos patológicos (Normas, 2024, II, art. 15).

O documento elenca seis possíveis **conclusões** acerca de uma presumível visão/aparição ou outro fenômeno extraordinário. Trata-se do parecer final do Dicastério, que contém também orientações para o bispo diocesano. A tradução dos termos latinos é nossa, visando facilitar a compreensão do leitor(a).

Nihil obstat *(Nada impede)*: Reconhecem-se muitos sinais de uma ação do Espírito Santo, sem aspectos críticos ou arriscados. Encoraja-se o Bispo Diocesano a apreciar o valor pastoral e a promover a difusão dessa proposta espiritual, inclusive através de eventuais peregrinações (Normas, 2024, I, art.17)

Prae oculis habeatur *(Tenha diante dos olhos, preste atenção)*: Ainda que se reconheçam importantes sinais positivos, há alguns elementos de confusão ou possíveis riscos. Requer-se do Bispo Diocesano um atento discernimento e diálogo com os envolvidos. Se existirem escritos ou mensagens, um esclarecimento doutrinal (Normas, 2024, I, art. 18).

Curatur *(Tenha cuidado, vigie)*: Há diversos elementos críticos, mas já existe uma ampla difusão do fenômeno e frutos espirituais verificáveis. Desaconselha-se uma proibição, que poderia perturbar o Povo de Deus. O Bispo não deve encorajar esse fenômeno e buscar expressões alternativas de devoção. Eventualmente, reorientar seu perfil espiritual e pastoral (Normas, 2024, I, art. 19).

Sub mandato *(Sob responsabilidade)*: O fenômeno é rico de elementos positivos, mas se faz dele um uso impróprio. Vantagem econômica, atos imorais, atividade pastoral paralela. A condução é confiada ao Bispo ou a um delegado da Santa Sé (Normas, 2024, I, art. 20).

Prohibetur et obstruatur *(Seja proibido, seja vetado):* Os elementos críticos e os riscos são graves. O Bispo Diocesano declara publicamente que a adesão a esse fenômeno não é permitida. Ele ajuda a compreender as razões da decisão e a reorientar as legítimas preocupações espirituais do povo (Normas, 2024, I, art. 21).

Declaratio de non supernaturalitate *(Declaração de que não tem caráter sobrenatural):* O Bispo Diocesano declara que o fenômeno é reconhecido como não sobrenatural. Decisão baseada em fatos e evidências concretos e provados. Exemplo: mentira do presumido vidente, descoberta da falsificação do fenômeno, intenção errada ou mitomania[6] (Normas, 2024, I, art.22).

Após expor suscintamente as normas do Dicastério, vamos agora nos debruçar em algumas questões pastorais relacionadas às presumíveis visões e aparições contemporâneas.

5. Recepção e compreensão das mensagens aparicionistas

Considerando a totalidade e a integralidade da vida cristã, o mais importante consiste em seguir a Jesus, escutar seus apelos, discernir e realizar sua vontade, pela fé, esperança e caridade/solidariedade. Deus nos fala de muitas maneiras. Há manifestações normais, cotidianas, como aquela que brota da leitura orante da Escritura, dos círculos bíblicos, do apelo do Senhor numa realidade social ou ecológica, nos distintos "Sinais dos Tempos".

[6] Psicopatologia que consiste em narrar fatos imaginários e excepcionais como se fossem verdadeiros.

Quantas vezes sentimos a voz de Deus durante um retiro, uma celebração, uma reunião eclesial, uma prática coletiva de caridade e solidariedade. Há também aquelas manifestações extraordinárias, como as visões, locuções interiores e exteriores, intuições e sonhos. Do ponto de vista da espiritualidade, todas têm valor. Elas existem para sintonizar nossa vida com o projeto divino sobre nós e o mundo. Todas necessitam ser discernidas e acompanhadas. São oportunidades, *Kairós* divino. Mas também estão misturadas com condicionamentos humanos e podem se desviar de sua finalidade.

Como já vimos, as aparições são uma realidade complexa, na qual se misturam componentes divinos e humanos, comunicação de Deus ou de seus santos e elementos espúrios e caducáveis. É importante frisar que não se podem tomar as mensagens de forma literal, como se fossem "palavras puras de Maria". Se a Bíblia, Palavra de Deus em linguagem humana, precisa ser interpretada, com muito mais razão isso se aplica às mensagens de videntes.

As mensagens dos videntes e os eventos que compõem o fenômeno aparicionista, muitas vezes, são específicas para determinados grupos humanos em contextos geográficos, históricos e temporais determinados e não deveriam ser tomados como "um apelo perene de Maria para o mundo". A globalização midiática de prováveis aparições ignora tal realidade. Situação semelhante está sujeita a acontecer em aparições reconhecidas pela Igreja no passado, cujas mensagens podem ter perdido parte de seu significado na atualidade.

Elas necessitam ser interpretadas e ampliadas para a atualidade da Igreja e do mundo. Algumas orientações dos videntes, quanto aos exercícios de piedade (fazer penitência, jejum, rezar o Rosário em determinado dia e hora, repetir refrões e jaculatórios) não são determinações vindas do céu. Tratam-se de conselhos piedosos, que podem ser úteis para algumas pessoas. Mas não são "mandamentos divinos". Se alguém reunir todas as orientações de videntes, reconhecidos ou não pela Igreja, nos últimos dois séculos, corre o risco de passar toda a semana ocupado em rezar. Tais exageros não podem ser atribuídos à mãe de Jesus.

Uma aparição pode ser aprovada pela Igreja, sem que isso implique a adoção das mensagens de videntes, para influenciarem decididamente orientações pastorais, doutrinais e éticas. O apelo à conversão e o aconselhamento à adoção de determinadas práticas devocionais necessitam ser vivenciadas de forma criativa, em cada igreja particular e na vida cotidiana dos fiéis. Embora a mensagem dos videntes e a devoção cristalizada (no santuário, na imagem de Maria, na invocação de seu nome) façam parte do mesmo evento, elas podem se distanciar com o tempo. Por exemplo, uma paróquia de N.S. de Lurdes e as mensagens a Bernadete Soubirous.

Grande parte das mensagens atuais de videntes, disponíveis na internet e traduzidas em várias línguas, tem uma forte conotação subjetiva. Dirigem-se a cada pessoa, embora usem o plural (vocês) e mostram uma Maria com grande amor materno. Solicitam sua aceitação e consentimento. Agradecem aqueles que as acolhem. Nesse sentido, apresentam uma linguagem atual e sedutora (no sentido neutro, não negativo). Vejam a mensagem da vidente de Medjugerie de 25 de dezembro de 2023:

> Queridos filhos! Hoje, trago-lhes o MEU FILHO JESUS, para que vocês sejam a Sua paz e o reflexo do contentamento e alegria do céu. Rezem, filhinhos, para estarem abertos para receber a paz, pois muitos corações estão fechados ao chamado da Luz que muda o coração. Estou com vocês e rezo para que se abram para receber o Rei da Paz, que enche seus corações de calor e de bênção. Obrigada por terem respondido a MEU Chamado (https://www.medjugorje.ws/pt/).

De outro lado, a dimensão social e ecológica da fé cristã está ausente na mensagem de grande parte dos videntes. A conversão se limita ao âmbito individual. Os videntes (e Maria) parecem não se importar com questões vitais, que hoje atingem a humanidade, como o consumismo, a violência sobre os frágeis, os conflitos armados e as guerras, a emergência climática...

Vejamos um exemplo. Edson Glauber, presumido confidente de São José e de Nossa Senhora, criou o santuário da "Rainha do Rosário e da Paz", em Itapiranga (AM), a 340 Km de Manaus. Conseguiu o apoio do bispo da época. Relatam-se várias prováveis mensagens desde 1994 até a sua morte em 2021. Na nossa pesquisa, não encontramos nenhuma referência ao cuidado com a floresta amazônica, nem aos povos da Amazônia (ribeirinhos, indígenas, seringueiros, quilombolas, ou mesmo os habitantes de Manaus). As suas mensagens seguem o padrão devocional de outras presumidas aparições atuais. Poderiam ter acontecido num apartamento urbano, em qualquer lugar do país. Ele segue a linha do "terror apocalíptico". Pede conversão, mas essa não se traduz em termos de uma nova atitude frente ao meio ambiente e aos pobres. Estranhamente, como acontece em mensagens de outros videntes, Maria abençoa o povo em nome da Trindade!

O vidente afirmava ter recebido "comunicações divinas" atribuídas a José, como a de 1º de março de 2021:

> A paz a teu coração! Meu filho, eu venho do céu para te dar minha bênção, bem como abençoar toda a humanidade. Deus tem pressa. Se a humanidade não se converter e não voltar ao caminho do arrependimento sincero e da conversão sofrerá um terrível castigo. Diga a todos para que mudem de vida o quanto antes, porque esta grande punição está chegando em breve ao mundo. A todos abençoo: em nome do Pai, do Filho e do Espírito Santo. Amém! (http://www.santuariodeitapiranga.com.br/index.php/44-news/482-mensagens-do-mes-de-marco-de-2021).

As presumidas aparições a Edson Glauber em Itapiranga foram posteriormente reprovadas pela Igreja, conforme declarações do Arcebispo de Manaus e do bispo local.

A aparição de Guadalupe, acontecida no México no século 16, contrapõe-se a várias características das aparições atuais. Como acontece hoje, Maria se apresenta como mãe bondosa. Mas as consequências são outras. Em Guadalupe, resgatam-se elementos da religião e da cultura dos povos originários submetidos à dominação colonialista. Há uma conotação comunitária, não existem alertas apocalípticas sobre o fim do mundo, e as manifestações a Juan Diego acontecem poucas vezes.

6. Condicionamentos humanos nas aparições

O conceito de "condicionamentos" é importante na experiência religiosa, especialmente para compreender a mensagem dos videntes do passado e do presente. Toda comunicação divina ao ser humano é *imediata*, pois Deus efetivamente vem ao nosso encontro e respondemos a Ele pela fé. Algumas pessoas e grupos conseguem superar certos limites dos condicionamentos e ir além do seu tempo, tocando no núcleo do mistério divino. Mas, simultaneamente, tal experiência religiosa é *mediada*. Como o termo diz, os condicionamentos criam condições, pois possibilitam que a comunicação divina seja acolhida pelo ser humano. O condicionamento humano básico é o idioma, aquele que compreendemos, falamos e ouvimos. Há outros, como o contexto cultural, a herança familiar, a evangelização e a catequese que recebemos, os traços da personalidade... Os condicionamentos dão forma e podem limitar ou até descaracterizar a experiência religiosa.

Vejamos um condicionamento cultural e religioso que seguramente influenciou essa mensagem aos pastorzinhos em Fátima:

> Chegamos à Cova da Iria e começamos a rezar o terço. Pouco depois, vimos o reflexo de luz e, a seguir, Nossa

> Senhora sobre a azinheira: "Continuem a rezar o terço para alcançarem o fim da guerra. Em outubro virá também Nosso Senhor, Nossa Senhora das Dores e do Carmo, São José com o Menino Jesus para abençoarem o mundo (Irmã Lúcia, 1985, p. 146).

Para essas criancinhas, educadas num catolicismo com traços medievais, cada Nossa Senhora era uma santa diferente. O menino Jesus e Nosso Senhor seriam duas pessoas distintas. Esse pequeno erro doutrinal não invalida a autenticidade da mensagem de Fátima. Mas confirma que, como outras mensagens de aparições, ela deve ser purificada de seus condicionamentos culturais e religiosos. Típicas de uma época, essas expressões dos videntes ocupam um lugar secundário na totalidade da mensagem.

As mensagens e os fatos de uma aparição europeia podem influenciar fortemente outras experiências posteriores de videntes. Um exemplo elucidativo consiste nas aparições aprovadas pela Igreja em Kibeho (Ruanda, África), acontecidas de 1981 a 1989. O país viveu e vive num conflito permanente entre as etnias Hutu e Tutsi. Nos anos 1994-1995, a guerra civil provocou um genocídio terrível. É sabido também que as religiões originárias têm grande influência na região, como em outros países do continente africano, embora a maioria do povo ruandês se declare cristã[7].

---

[7] Pertença religiosa explícita em Ruanda: Cristianismo 77,7% (católicos 46,5%, protestantes 20,4%, outras igrejas 10,8%), crenças tradicionais 8,7%, islamismo 12,8%, outras 0,8%. https://brasilescola.uol.com.br/geografia/ruanda.htm. Há que se levar em conta também a dupla pertença, na qual se mesclam elementos católicos com as religiões dos povos originários africanos.

As aparições aconteceram com Alfonsina, Natali e Maria Clara, três alunas de uma escola de estudos secundários, coordenada por religiosas consagradas de um instituto europeu. Eis o núcleo das mensagens: (a) Urgente chamada ao arrependimento e à conversão do coração; (b) Denúncia do estado de decadência moral do mundo; (c) Profunda tristeza de Maria, que chega a chorar; (d) Dimensão salvífica do sofrimento; (e) Apelo à oração sincera e incessante; (f) A devoção a Maria, mãe de Jesus; (g) Importância da "coroa das dores da Virgem Maria"; (h) O desejo que seja construída uma capela em Kibeho; (i) A oração especial pela Igreja.

Estranhamente, não há nenhuma referência às religiões originárias, nem um apelo específico para o cultivo da paz e da reconciliação entre as etnias. Os defensores irrestritos de aparições afirmam que, através de Maria, as videntes previram a tragédia que aconteceria na década seguinte. Mas isso não se deduz do núcleo da mensagem. Guardado o devido respeito para essa manifestação religiosa mariana, suspeita-se da influência ocidental das aparições de Fátima sobre as videntes, enfatizando as práticas devocionais. Felizmente, a representação da imagem de Maria, tal como relatam as videntes, apresenta nítidos traços africanos.

7. Questões teológico-pastorais para discussão e aprofundamento

(1) O processo de discernimento de visões/aparições é conduzido com muita prudência pela Igreja.

Persistem ainda questões teológico-pastorais, que em grande parte foram respondidas nas *Normas* de 2024. A categoria "sobrenatural" é problemática. Ela surgiu para mostrar que a graça divina não é fruto do esforço humano. Trata-se de pura iniciativa de Deus, que cura dos pecados e nos eleva à realidade de filhos e filhas, no Espírito. No entanto, foi utilizada posteriormente com uma visão dualista, para se contrapor ao que seria "natural". Assim, sobrenatural significaria aquilo que extrapola as leis da natureza e não pode ser explicado pela ciência. Ora: em várias igrejas neopentecostais comerciais se realizam curas, milagres e "coisas extraordinárias", mesmo que eticamente seus proprietários estejam distantes da santidade cristã. Nas religiões de matriz africana há curas e manifestações extraordinárias, que não se explicam pela ciência. Felizmente, as *Normas* emanadas do Dicastério em 2024 abandonam a pretensão de afirmar que determinada Visão/Aparição seja classificada como "sobrenatural". Prefere-se uma terminologia mais prudente, como já vimos anteriormente.

(2) Cremos que seria conveniente acrescentar um outro critério de discernimento para a aprovação e principalmente a divulgação de visões/aparições: o da pertinência da mensagem para a ação evangelizadora da Igreja na atualidade. Um olhar panorâmico sobre as mensagens de videntes nos últimos anos identifica elementos comuns como o apelo à conversão, a apresentação de Maria como mãe bondosa e providente, as orientações devocionais e ascéticas (jejum, penitência, oração do rosário). No entanto, esse conjunto de repre-

sentações simbólicas e de prescrições podem reforçar um catolicismo intimista, devocionista e pouco prospectivo, que não se dirige ao futuro.

As comunidades eclesiais locais e as conferências episcopais, à luz das orientações regionais e universais da Igreja, devem ter a coragem de afirmar que determinadas mensagens de videntes, mesmo se aprovadas, são significativas (ou não) para a catequese e a evangelização. Um discernimento pastoral, realizado por uma paróquia ou diocese levaria a perceber se determinadas mensagens, do passado ou do presente, contribuem para uma "Igreja em saída", que dialoga com a sociedade contemporânea. Há que se evitar uma "padronização empobrecedora" do anúncio cristão, baseado no "mais do mesmo" de várias correntes aparicionista.

(3) Há características próprias nos atuais movimentos de videntes, que tornam difícil um parecer oficial da Igreja. É prudente aprovar uma Aparição, se o fenômeno continua e os videntes espalham mensagens durante anos, indefinidamente? Por que Maria falaria tanto, através de videntes? Os defensores incondicionais de aparições afirmam que "Nossa Senhora está muito preocupada com o mundo atual".

(4) É questionável que Maria se cale diante da crise ecológica, das guerras, da violência contra as mulheres e crianças, do consumismo, da pobreza e da corrupção no terceiro mundo. Tal indiferença contrasta com o amor e a misericórdia da mãe de Jesus. Quem ignora esses clamores não é Maria, e sim os videntes, por vezes condicionados por uma visão intimista da fé cristã.

Por vezes, criam-se dois caminhos paralelos ou até em conflito: aquele das declarações e documentos emanados pelas Igrejas particulares, Conferências Episcopais e pelo Papa Francisco e, de outra parte, a dos videntes que falam "em nome de Maria". A tendência dos católicos movidos pelo devocionismo é dar crédito aos videntes, pois as mensagens deles viriam do Céu e não estariam "contaminadas" por nenhuma ideologia. Pura ilusão...

(5) René Laurentin, reconhecido mariólogos (✝ 2017), publicou em 1989 alguns ensaios sobre as mensagens marianas de pretensas aparições atuais, a partir do contato pessoal e do relato de videntes. Em um de seus escritos, ele assume a defesa de um vidente brasileiro, já falecido, cujo grupo é sectário e não aceitou entrar no processo de discernimento com o bispo local. Laurentin não investigou o contexto eclesial do evento, a postura ética dos videntes, e foi muito benevolente com respeito à atualidade das mensagens.

Tal vidente publicou um catecismo, que segundo ele, foi ditado pela Virgem Maria. Trata-se, na realidade, de uma versão deteriorada do catecismo tridentino. Não parte da Bíblia e carece da centralidade de Cristo. Uma pessoa de bom senso ao ler tal escrito dirá certamente: "Isso não veio de Maria".

O teólogo(a) e até um bispo podem se enganar (ou deixar-se enganar) por mensagens de videntes e dos fenômenos extraordinários em torno de uma provável aparição. Isso aconteceu com o então bispo prelado de Itacoatiara, que apoiou o vidente Edson Glauber e sua família, em Itapiranga (AM). Posteriormente, o caráter "sobrenatural" do evento foi negado pelo bispo que lhe seguiu, com apoio do arcebispo de Manaus.

(6) Como já citamos acima, o respeitado mariólogo Stefano De Fiores, num livro destinando ao grande público, tenta responder "Por que Deus nos fala mediante Maria" (2011). Seu intento é pedagógico. Mas há que completar essa pergunta com outra igualmente importante: "Por que Deus nos fala mediante a Bíblia e os Sinais dos Tempos?". Ao "porquê" segue-se o "como". Se isso não é ressaltado, colocam-se as presumidas aparições, seus videntes e as mensagens, como o meio privilegiado (e quase único) de interpretar e atualizar a Revelação de Deus em Jesus Cristo.

(7) Permanece outra questão delicada. Por que Jesus Cristo, o revelador do Pai, não se manifesta com frequência em Aparições, como nas marianas? Parece que mensagens de Jesus que seriam dirigidas a videntes (como aconteceu com Vassula, de tradição ortodoxa) complicaria mais ainda o processo de discernimento. Seria incoerente esperar de Jesus mais palavras e gestos do que aqueles fixados nos evangelhos. Alguns mariólogos justificam a quase exclusividade das aparições marianas servindo-se do fato da Assunção, como já mostramos. Além de Jesus, Maria é o único ser humano que já está glorificado no céu, de corpo e alma. Com isso, ela "está libertada de todos os limites histórico-temporais e corporais terrestres". Tudo em Maria se refere a Cristo, e revelaria também o mistério da Igreja e da própria humanidade (Perrella et Roggio, 2011, p. 30). No entanto, há que considerar que há visões e apa-

rições de outros santos, embora em intensidade muito menor.

(8) A quantidade de mensagens de presumidos videntes suscita certa inquietação. Por que Maria se manifestaria tantas vezes? Os defensores incondicionais das aparições sustentam que isso se deve ao fato que a humanidade está com o coração fechado à graça divina. Por isso, Maria é tão insistente, como uma mãe que aponta às suas crianças como elas devem se comportar! Mas, tal profusão de mensagens não levaria a uma diluição do apelo divino atribuída à Mãe de Jesus? Diz-se que somente aos videntes de Medjugorie, que na época eram crianças e pré-adolescentes, Maria teria aparecido 1.100 vezes nos três primeiros anos, a partir de junho de 1981. Stefano De Fiores (2008), citando B. Billet, diz que de 1928 a 1975 foram contados ao menos 232 fenômenos extraordinários atribuídos a Maria e a presumidos videntes, em 32 diferentes nações. E de 1976 a 1985, entre 84 e 131 casos, incluindo aí diversas "mariofanias", como as imagens que choram (lacrimejam).

(9) A diversidade religiosa é uma característica do mundo atual. A começar na mesma Igreja católica, na qual convivem grupos eclesiais com perspectivas tão diferentes. Perpassa nas distintas igrejas e a necessidade premente de mais respeito e cooperação ecumênica. Por fim, essas se ampliam no diálogo interreligioso. Ora, como as mensagens dos videntes apresentam essa importante questão da busca e do encontro com o sagrado? Ou elas reforçam o exclusivismo de determinada corrente de espiritualidade e visam consolidar um predomínio católico?

(10) Por fim, uma questão inquietante da comunhão eclesial. Papa Francisco se destacou, por sua prática e seus documentos magisteriais, ao abordar temas significativos para a fé cristã hoje. Alguns deles: a Igreja em saída, a juventude, a sinodalidade, o cuidado da casa comum, as migrações, a santidade, a beleza do amor conjugal, a justiça social e a superação da pobreza, a denúncia da guerra e de seus males, a misericórdia e suas consequências para a ética cristã e a prática eclesial etc. Tais assuntos e sua incidência pastoral praticamente não aparecem nos videntes atuais, que se limitam a conselhos genéricos sobre a paz, o amor, a conversão, a obediência a Cristo. Ora, isso cria uma dicotomia entre a palavra do magistério e a dos videntes, que atribuem suas mensagens a Maria. Ora, por que os atuais videntes, antes tão obedientes ao Papa, simplesmente ignoram os apelos de Francisco? Tomemos um tema tradicional, não polêmico, que é o da santidade. Maria subestimaria (ou os videntes, para sermos mais precisos) a beleza, a atualidade e forte incidência do documento "*Gaudete et exsultate*" (2018)?

Conclusão aberta

O observatório de aparições, ora iniciado em nosso país, pela Associação Brasileira de Mariologia (ABM), coloca para nós, líderes de comunidades, teólogos(as), pastoralistas e bispos uma bela e desafiadora tarefa. O fato de as visões/aparições serem tão complexas nos estimula a exercitar simultaneamente espírito crítico e humildade, lucidez e reverência diante do mistério. Peçamos a Maria que nos dê a sabedoria para fazermos processos de discernimento iluminadores, a serviço do Povo de Deus. Amém.

Referências e bibliografia básica

Catecismo da Igreja Católica. Brasília: Ed. CNBB, 5ed, 2014.

DE FIORES, S. Apparizioni, in: De Fiores, S. Maria. *Nuovissimo Dizionario*, Bologna: EDB (Dehonian), 2008, 2ª ed, v. 1, p. 21-69.

DE FIORES, S. *Perché Dio ci parla mediante Maria. Significato delle apparizioni mariane nel nostro tempo.* Milano: San Paolo, 2011.

DICASTÉRIO PARA A DOUTRINA DA FÉ. Normas para proceder no discernimento de presumidos fenômenos naturais (2024). Disponível em: https://www.vatican.va/roman_curia/congregations/cfaith/documents/rc_ddf_doc_20240517_norme-fenomeni-soprannaturali_po.html

DIDAQUÉ, *Catecismo dos Apóstolos*. Petrópolis: Vozes, 2019.

FRANCISCO, Encíclica *Laudato Si* sobre o Cuidado da Casa Comum. São Paulo: Paulinas, 2015.

FRANCISCO, Exortação Apóstólica *Evangelii Gaudium*. São Paulo: Paulinas, 2013.

FRANCISCO, Exortação Apostólica *Gaudete et exsultate* sobre a santidade. São Paulo: Paulinas, 2018.

HIERZENBERGER, G; NEDOMANSKY, O. *Tutte le apparizioni dela Madonna in 2000 anni di storia*. Casale Monferrato: Piemme, 1996.
https://www.a12.com/academia/titulos-de-nossa-senhora?s=nossa-senhora-de-laus
https://www.medjugorje.ws/pt/
https://www.vatican.va/roman_curia/congregations/cfaith/documents/rc_ddf_doc_20240919_nota-esperienza-medjugorje_po.html
https://www.vaticannews.va/pt/vaticano/news/2024-09/cardeal-fernandez-coletiva-de-imprensa-medjugorje-19-09-24.html
https://www.vaticannews.va/pt/vaticano/news/2024-09/medjugorje-papa-nada-obsta-dicasterio-doutrina-fe.html
IRMÃ LÚCIA. *O segredo de Fátima*. Memórias e cartas. 7ª ed. São Paulo: Loyola, 1985.
LAURENTIN, R. *Apariciones actuales de la Virgen Maria*. Madrid: RIALP, 1989.
MURAD, A. *Maria, toda de Deus e tão humana*. Compêndio de mariologia. São Paulo: Paulinas, 2024, 10ª reimpressão.
MURAD, A. *Visões e Aparições*. Deus continua falando? Petrópolis: Vozes, 1997.
PERRELLA, S.M; ROGGIO, J. M. *Apparizioni e mariofanie*. Teologia, storia, verifica ecclesiale. Milano: San Paolo, 2012.
PIO XII, Encíclica *Divino Afflante Spiritu*, sobre os Estudos Bíblicos. Disponível em: https://www.vatican.va/content/pius-xii/pt/encyclicals/documents/hf_p-xii_enc_30091943_divino-afflante-spiritu.html

SAGRADA CONGREGAÇÃO PARA A DOUTRINA DA FÉ. Normas para proceder no discernimento de presumíveis aparições e revelações (1978). Disponível em: https://www.vatican.va/roman_curia/congregations/cfaith/documents/rc_con_cfaith_doc_19780225_norme-apparizioni_po.html

SOCIEDADE MARIOLOGICA ESPAÑOLA. Las apariciones marianas en la vida de la iglesia. Salamanca, 1987.

SWANN, I. *As grandes aparições de Maria*. Relatos de vinte e duas aparições. São Paulo: Paulinas, 2011.

2
Experiências místicas marianas. Um despertar para a fortaleza e o amor

Lúcia Pedrosa de Pádua[1]

Introdução

Nossa atenção e curiosidade ficam despertas diante das experiências marianas conjugadas com fenômenos extraordinários. Visões e aparições de Maria gloriosa, êxtases ou arroubamentos, diante de quadros ou imagens de Nossa Senhora; locuções internas, profecias de futuro, revelações do plano divino; júbilos, recolhimen-

[1] Lúcia Pedrosa-Pádua é doutora em teologia sistemática pela PUC-Rio, onde é pesquisadora e professora em tempo contínuo. Atua nas áreas de Mariologia, Antropologia Teológica e Mística. Graduada em teologia, pela Faculdade Jesuíta de Filosofia e Teologia (Belo Horizonte, MG), e em Economia, pela UFMG. Coordena o Ataendi, Centro de Espiritualidade da Instituição Teresiana no Brasil, dedicado à formação de cristãos leigos e leigas, e trabalha na ação pastoral junto a comunidades. Associada da AMA e Presidente da ABM-Associação Brasileira de Mariologia.

tos intensos... É um mundo desconhecido, parece que nos aproxima do mistério de Deus.

Ao mesmo tempo, os Evangelhos nos falam de uma experiência maravilhosa ao percebermos o amor de Deus em Jesus. E Maria está unida a este grande mistério de um Deus que se faz humano. Perceber a alegria do Evangelho é uma experiência tão forte, que Mateus compara o Reino de Deus com um tesouro escondido e uma pérola de grande valor (Mt 13,44-45). Ao encontrarmos esses tesouros, vendemos tudo o que temos para comprá-los, porque sabemos, por experiência, que vale a pena! Podemos afirmar que Maria encontrou essa pérola em sua vida e viveu uma entrega ao plano de Deus, sem olhar para trás. Quanta liberdade deve ter sentido, quanta força em seu interior, quanto amor! E agora, glorificada, como pode nos ajudar no caminho de descobrir a liberdade e a alegria, a fortaleza e o amor, nos desafios de nossas existências, comunidades e cidades.

Neste texto, abordaremos o tema da mística em Maria. Não nos deteremos apenas nas experiências extraordinárias. Objetivamos enriquecer a compressão do termo "mística", valorizando a experiência de fé de todos os cristãos e cristãs e, como consequência, de todos os devotos e devotas de Maria, a Mãe do Senhor e nossa Mãe. Buscamos igualmente elementos de discernimento para as experiências místicas com fenômenos extraordinários.

Para melhor organização do nosso enfoque, o texto apresenta dois momentos principais, articulados entre si. No primeiro, tratamos sobre a experiência mística, privilegiando o conceito de "mística" como experiência de Deus e a experiência mística mariana como experiência de Deus, realizada no contexto da relação filial e confiada com Nossa Senhora. No segundo tópico, buscamos a sabedoria de uma Doutora da Igreja, Santa Teresa de Jesus, ou de Ávila, tanto em sua vida mariana quanto em suas experiências extraordinárias, para ajudar a discernir sobre o lugar delas na vida cristã.

1. Experiências místicas marianas

Nesta primeira parte do texto, enfatizaremos a experiência de descobrir a pérola do Reino! Veremos que o próprio Deus deseja que a descubramos, pois, em Maria, encarnou-se para viver nossa humanidade, abrindo para nós os segredos dos tesouros do Reino. Segredos que Maria descobriu, por isso faz nobre companhia nas descobertas de cada cristão e cada cristã. A experiência mística mariana vem a ser uma experiência de Deus, no Espírito, por meio da relação filial com Maria.

Iremos por partes, passo a passo. Veremos o que é a mística, o sentido bíblico do mistério do Reino, que é o mistério de Cristo. Observaremos como Maria nos ensina a verdadeira mística, para afirmarmos a dimensão mística da fé. Por fim nos perguntaremos pelas experiências extraordinárias.

1.1. Mas... o que é "mística"?

É necessário precisar o que compreendemos por mística. Há percepções diferentes. Alguns percebem o termo de forma negativa e a associam com atitudes afetadas e exageradamente religiosas, mesmo algo esotérico. Outros associam a mística a uma ideia ou doutrina e utilizam termos como mística do pacifismo, mística liberal... Em um jornal, certa vez, li que havia uma "mística do Maracanã", segundo a qual certo time de futebol sempre ganhava.

Mesmo no vocabulário religioso, há diversidade. A palavra "mística" aplica-se a fenômenos plurais, e é utilizada por distintos pontos de vista: médico, psicológico, filosófico, histórico, cultural... Cada um com um sistema de interpretação. Aqui, nossa perspectiva será teológica. O leitor e a leitora fariam bem se refletissem em que espaços de suas vidas comunitária e eclesial já ouviram falar sobre "mística" e o que compreendem por isso.

Muito se escreveu sobre a mística a partir da segunda metade do século XX até os dias de hoje. Temos de reconhecer o especial interesse que o tema ocupou em Dicionários e obras teológicas[2].

---

[2] Cito alguns dicionários e obras, nos quais a mística é amplamente estudada, alguns em língua portuguesa: ANCILLI, E. (org.). Dizionario Enciclopedico di Spiritualità Roma: Città Nuova Editrice, 1990; VV.AA. Vita cristiana ed esperienza mistica. Roma: Teresianum, 1982; FIORES, S., GOGGI, T. (org.). Dicionário de Espiritualidade. São Paulo: Paulus, 1993; VILLE, M. et al. (ed.). Dictionnaire de Spiritualité. Paris: Beauchesne, 1980; FISCHER, H. Sacramentum Mundi. Barcelona: Herder, 1984; RAHNER, K., VORGRIMLER, H. Diccionario Teológico. Barcelona: Herder, 1966; PIKAZA, X., SILANES, N. El Dios Cristiano. Diccionario Teológico. Salamanca: Secretariado Trinitario, 1992; BORRIELLO, L. CARUANA, E., GENIO, M.R. et al. Dizionario de Mistica. Roma: Libreria Editrice Vaticana, 1998 (traduzido ao português); MARTÍN VELASCO. Juan. El fenómeno místico: Estudio comparado. Madrid: Trotta, 1999; MCGINN, B. História da mística cristã ocidental, 6 tomos, São Paulo: Paulus, 2012s; LOSSO, E.G.; BINGEMER, M.C; PINHEIRO, M.R. A mística e os místicos. Petrópolis: Vozes, 2022; PEDROSA-PÁDUA, Lúcia. Mística, mística cristã e experiência de Deus. Atualidade Teológica, v. 7, n. 15, p. 344-373, set-dez 2003, base da primeira parte deste texto.

Esses estudos nos informam que o fato místico está presente em várias religiões, sistemas filosóficos e mesmo entre ateus, como fenômeno. Podem ser encontrados testemunhos uniformes e concordantes sobre isto nas tradições budista, hinduísta, da yoga, neoplatônica, helenista, muçulmana, judaica e cristã, entre outras. O reconhecimento da universalidade do fato místico, relacionado às culturas e religiões em que aparecem, exige um estudo comparado da mística, bem como uma abordagem interdisciplinar entre a teologia, a filosofia e as ciências humanas, como história, psicologia, sociologia, psicanálise, etnologia e outras ciências. O que mostra a complexidade do assunto.

A origem da palavra "mística" nos ajuda a compreender sua intencionalidade. A derivação etimológica vem dos termos gregos derivados de *myein*, que significa a ação de *fechar* (os lábios ou os olhos), *silenciar* e, metaforicamente, "iniciar-se". Calar-se para perceber o caráter escondido, secreto ou misterioso de uma realidade por meio de uma experiência. Assim, a mística está relacionada à percepção de um mistério no interior da realidade.

O cristianismo trouxe esta palavra grega – "mística" – para seu vocabulário. Por que será? E a resposta é clara: no Novo Testamento, temos referências ao mistério de Deus e do Reino, revelado em Cristo. Mística seria, então, a experiência do mistério de Deus, de Cristo, de Deus em Cristo.[3]

---

[3] PEDROSA-PÁDUA, Lúcia. Mística, mística cristã e experiência de Deus, p. 345-347.

1.2. O sentido bíblico do mistério: mistério do Reino, mistério de Cristo

O termo *mystérion*, em latim *sacramentum*, significa uma realidade secreta, seguindo as raízes etimológicas gregas, como já indicamos. A Bíblia nos mostra que o caráter misterioso pertence a Deus, "que habita em uma luz inacessível" (1Tm 6,16)[4] e "se mantém escondido" (Is 45,15). Ele não pode ser conhecido, experimentado, dito ou definido em sua totalidade e imediação. O Concílio Vaticano II nos diz que, sim, nós podemos conhecer o mistério de Deus, porém isto só é possível porque Ele mesmo revela a Si mesmo e a Sua vontade.[5]

No NT, o termo "mistério" aparece várias vezes. Nos Evangelhos sinóticos (Marcos, Mateus e Lucas), foi empregado para falar do "mistério do Reinado de Deus", só compreendido pelos discípulos, que se abrem à novidade do Reino, porém é um enigma indecifrável para os "de fora" (Mc 4,11 e textos paralelos).

É São Paulo quem mais emprega o termo "mistério", em suas cartas[6]. Segundo os textos paulinos fundamentais, Jesus Cristo é o mistério manifestado para conduzir todos os homens a Deus (Rm 16,25-27); Deus deu a conhecer o mistério de Cristo, que é a admissão de todos os povos à mesma herança do Filho, pelo Espírito, para que sejam todos membros do mesmo corpo, associados à promessa de Deus, em Cristo (Ef 3,3-12);

---

4 Também Sl 104, 2 e Ex 33, 20.

5 VATICANO II. *Dei Verbum*, n. 2, p. 122.

6 JIMENEZ DUQUE, B. Mística: la experiencia del mistério, p. 27-31.

o mistério escondido manifestou-se em Cristo para todos e para que todos conheçam sua riqueza e sua glória (Cl 1,26-27). Para Paulo, o mistério de Deus não é um enigma indecifrável.[7] É, sim, um mistério para ser vivido, pois é mistério de salvação e comunhão com Deus por Jesus Cristo, no Espírito.

O Evangelho de São João nos diz, por meio do termo "permanecer" – *ménein*[8]– que o próprio Cristo e o Deus Trino estão presentes nos cristãos e nas manifestações de Deus neles, como a verdade, o amor e a vida. O termo é utilizado também para afirmar a permanência dos cristãos e cristãs em Cristo e em Deus. O amplo emprego desse verbo nos escritos joaninos enfatiza que a salvação é para sempre e já presente. O verbo "permanecer" se converte etimologicamente no substantivo "morada" –*moné*[9]: "na casa do meu Pai, há muitas moradas" (Jo 14,2); "se alguém me ama, observará a minha palavra, e meu Pai o amará; nós viremos a ele e estabeleceremos a nossa morada" (Jo 14,23). Estes textos são fundamentais para expressar a presença de Deus Trino, ou a inabitação trinitária na pessoa, pela qual a união do cristão e cristã com Deus e com Cristo se dá de maneira indestrutível.

Finalmente, o texto clássico de 2Pd 1,4: "para que entrásseis em comunhão com a natureza divina", que afirma a comunicação da vida divina, a fim de que os cristãos sejam participantes desta vida.

---

7 LADARIA, Luis F. Teologia del pecado original y de la gracia, p. 245.

8 HAUCK, F. Ménein, p. 25-32. Segundo Hauck, no Evangelho de João o verbo "permanecer", *ménein,* aparece 66 vezes.

9 HAUCK, F. Moné, p. 40-44.

Nesta perspectiva bíblica, percebemos como Deus mesmo deseja entrar em comunhão e comunicação com cada cristão e cristã. Ele deseja permanecer conosco e ser conhecido para comunicar a Si mesmo e o seu grande amor para conosco. O melhor conhecimento é a abertura ao mistério desconcertante do Reino anunciado e trazido por Jesus (evangelhos sinóticos), deixar-se conduzir a Deus pelo Filho encarnado, no Espírito que Deus derramou em nossos corações (Paulo) e permanecer neste amor (João). Como Maria, a mãe do Senhor e nossa, viveu.

1.3 Maria nos ensina a verdadeira mística

Maria nos ensina o que é a experiência do mistério de Deus – mística. Foi mulher orante e a discípula perfeita do Senhor, aquela que descobriu a verdadeira felicidade (Lc 11,28). Foi compreendendo e experimentando ao longo de toda a sua vida o mistério do Reino de Deus (Mc 4,11), anunciado e realizado por seu filho, Jesus. O Cântico do *Magnificat* resume a exultação de seu espírito diante da salvação que se realiza contando com a humilde serva. Na experiência que Maria faz do Deus que dirige o olhar aos humildes, está contida a experiência das bem-aventuranças do Reino (Lc 6,20-26), mostrando como ela o compreendeu e viveu. Por silêncios contemplativos, conversas qualificadas, atitudes internas de fé e confiança, e ações de serviço e amor concreto, Maria experimenta o mistério de Deus acontecendo por e em seu filho. Glorificada, acompanha seus filhos e suas filhas na caminhada segundo as bem-aventuranças do Reino.

Ao adentrar no mistério de Deus, pela fé, Maria tinha um olhar capaz de encontrar o amor de Deus na vida cotidiana, em sua simplicidade e mesmo obscuridade, nas dificuldades e incompreensões, no cansaço físico, no sofrimento e na angústia. Mistério de comunhão e amor, na linguagem paulina, que Maria experimenta e transforma em serviço, cuidado, cumplicidade de ternura, acompanhamento, abertura à novidade de Jesus, discipulado, esperança e entrega. Glorificada, inspira a comunhão de todos os povos e culturas no necessário artesanato da justiça, do amor e da paz.

Maria permaneceu em Deus, se falamos em linguagem joanina. Deus nela fez sua morada de forma singular. O Espírito a cobriu, habitou e plasmou, e ela deixou-se conduzir por Ele. O Filho nela se encarnou e ela o acompanhou em sua infância, adolescência, vida adulta de peregrino do Reino, morte de cruz. Seguiu-o como discípula e mãe de discípulos: "Fazei tudo o que Ele vos disser" (Jo 2,5). Permaneceu fiel à Promessa de Deus, até o fim, anunciando e vivendo a esperança em comunidade. No Espírito, participou da vida divina, se falamos em linguagem petrina. Glorificada, lembra-nos que somos morada de Deus e nele habitamos – podemos ter confiança e permanecer nele, no amor concreto e na esperança.

Os textos bíblicos, vistos anteriormente, colocam-nos, como cristãos e cristãs, diante do mistério de um Deus que desejou se mostrar a nós e nos oferece uma comunhão. Colocam-nos igualmente diante do mistério da vida de Maria: ela nos mostra um caminho de experiência de Deus que acontece na vida humana, simples e pobre, conduz ao aprofundamento da fé, ao testemunho da esperança, à fortaleza e à vivência de um amor concreto.

Sim, Maria fez essa experiência do mistério de Deus! Uma experiência que mudou sua vida e à qual ela se abriu profundamente. Mistério do amor de Deus, no Espírito. Foi mulher de fé, mãe, discípula missionária do Filho, mãe de discípulos.

No evangelho da Ascensão de Jesus, somos convidados a ir por todo o mundo e pregar a boa nova, a fazer discípulos e discípulas. Quem pode fazer isso? Apenas quem está convencido de que Jesus é Evangelho – é uma notícia boa, que salva, restaura a vida, oferece um caminho novo. A ação do Espírito nos convence íntima e fortemente de que o caminho aberto por Jesus vale a pena. E que vale a pena se abrir a ele, deixar-nos envolver por dentro e por fora por sua mensagem e sua pessoa, deixar-nos cristificar no Espírito. Quer dizer, só podemos seguir Jesus com convicção, se experimentamos seu mistério, se somos místicos.

1.4. A dimensão mística da fé

Contemplando Maria, podemos nos fazer a pergunta por nossa fé. Mesmo que seja uma fé que se sabe ainda pequena, de alguma maneira experimentamos o mistério de Deus, no qual somos batizados. Assim sendo, o cristão e cristã, devoto e devota de Maria, é um místico, uma mística! Isto é a mística cristã: uma experiência do mistério de Deus, ou experiência de Deus ou experiência do mistério de Cristo. São formas de exprimir a mesma realidade cristã.

Quem se deixa docilmente guiar pelo Espírito Santo faz experiência da presença e da ação da Trindade, de modo que uma existência assim vivida, como ensina Papa Francisco, traduz-se em uma vida mística que, ainda que "privada de fenômenos extraordinários, propõe-se a todos os fiéis como experiência cotidiana de amor".[10]

Não é necessário olhar para eventos e experiências extraordinárias para viver a comunhão com o mistério de Deus, que e é celebrada em comunidade nos sacramentos.

Mas podemos nos perguntar, eu posso experimentar o mistério do Reino? A resposta é um sonoro "sim". Porque a fé é também uma experiência. Uma descoberta que ninguém nos tira, porque sabemos que a temos. E quem descobre o Reino sente em si uma alegria tão grande, que é capaz de vender tudo para comprar a "pérola" e esse "tesouro" de que nos falam as parábolas do Reino de Deus (Mt 13,44-46). Como o fizeram os discípulos. Como o fez Maria, em sua singular alegria de ser a mãe do realizador do Reino de Deus.

A teologia cristã diz que a fé é um ato existencial global. Não é apenas conteúdo, doutrina e orientações morais. É a pessoa, em sua totalidade, que responde livremente ao chamado de Deus para uma amizade

---

[10] DICASTÉRIO PARA A DOUTRINA DA FÉ. Normas para proceder no discernimento de presumidos fenômenos sobrenaturais, n. 5, p. 6.

de intimidade. Na fé, há uma dimensão subjetiva de acolhida pessoal a Deus (*fides qua*). Trata-se de uma adesão da pessoa, existencialmente inteira, em todas as suas dimensões, a esse mistério.[11] Uma experiência intransferível.

A vida de fé abarcará todas as dimensões da vida, como a ética, a comunitária, a ecológica, a sociopolítica... Mas não pode faltar a dimensão espiritual, ou mística, que entra em contato com Deus e se deixa transformar por dentro, superando egoísmos e interesses pessoais, que não combinam com o Reino de Deus. A mística é uma experiência que se dá no âmbito da fé e gera força de transformação, comunhão, exaltação do Deus das "reviravoltas", mudanças e possibilidades de projetos comuns, de cuidados com o planeta. A fé atinge a consciência, o coração e as mãos.

O texto da *Dei Verbum*, documento do Concílio Vaticano II já mencionado, ressalta o valor da contemplação e da experiência espiritual na transmissão e no enriquecimento da grande Tradição da Igreja. Ou seja, a mística contribui com a comunidade, possui uma função eclesial:

> (...) cresce, com efeito, a compreensão tanto das coisas como das palavras transmitidas, seja pela contemplação e estudo dos que creem, os quais as meditam em seu coração (cf. Lc 2,19 e 51), seja pela íntima compreensão que desfrutam das coisas espirituais...[12].

---

[11] LIBÂNIO, J.B. *Eu creio, nós cremos*, p. 151-170.

[12] VATICANO II. *Dei Verbum*, n. 8, p. 126.

Aqueles e aquelas que meditam em seu coração, como Maria (Lc 2,19.51), abrem-se à ação do Espírito, que com seus dons aperfeiçoa a inteligência, abrindo os "olhos da mente", semeando o amor no coração e qualificando as atitudes e opções de vida. Os místicos e as místicas atestam, com sua experiência, essa comunhão de Deus com a pessoa, por Cristo, no Espírito.

As experiências místicas marianas, realizadas pelos fiéis, são experiências do mistério de Deus realizadas por meio da relação filial e de amor com Maria. O cristão e a cristã que amam Maria estabelecem com ela um vínculo de amor, confiança e sadia convivência. Assim como Maria e com ela, descobrem a força da ternura e do amor de Deus, na abertura ao Espírito. Levam uma vida mística.

1.5. As experiências extraordinárias

Mas então... qual seria a diferença entre o cristão e a cristã de fé, que têm a experiência de Deus, abrem-se ao caminho de Jesus, buscam deixar-se conduzir pelo Espírito, nutrem um amor filial a Maria, e aquelas pessoas que têm experiências extraordinárias, como presumidas visões, aparições, locuções marianas interiores ou externas, fenômenos ligados a imagens religiosas, psicofísicos e outros?

De fato, às vezes acontecem certos fenômenos que parecem ir além dos limites da experiência comum e cotidiana de fé e que se apresentam como tendo presumida procedência sobrenatural.[13] Estas são experiências às quais a Igreja presta atenção para um sempre melhor discernimento, buscando a fidelidade ao Evangelho.

Santa Teresa de Jesus, como veremos no tópico seguinte, passou por muitas experiências extraordinárias, relativas a Cristo, mas, também, relativas a Maria. Foram uma forma intensa de experiência de fé. Ela mesma, a Santa de Ávila, teve de refletir sobre o significado delas e, especialmente, o que era realmente uma ação do Espírito e o que era episódico ou ilusão. Percebeu a importância de que as experiências corressem para o mesmo rio, por onde passam os Evangelhos. Saiu enriquecida como pessoa e em sua missão. Aprofundou um conhecimento de Deus (dimensão *noética*) e viveu uma transformação ética. Contribuiu para a transmissão e compreensão das coisas de Deus e humanas. Porém, como veremos, deixou-nos sérias advertências quanto ao desejar coisas extraordinárias que, em si, não são sinal de santidade, como também veremos no próximo tópico.

O que podemos dizer, em princípio, é que tais fenômenos extraordinários não podem ser mais valorizados que o próprio evangelho![14]

A teologia mística vê certas características na verdadeira experiência mística. Destacamos algumas: um contato singular com Deus, um conhecimento inespe-

---

[13] DICASTÉRIO PARA A DOUTRINA DA FÉ. Normas para proceder no discernimento de presumidos fenômenos sobrenaturais, n. 6, p. 6.

[14] DICASTÉRIO PARA A DOUTRINA DA FÉ. Normas para proceder no discernimento de presumidos fenômenos sobrenaturais, p. 3.

rado, que não parte da iniciativa da pessoa, um caráter integrador da pessoa em mente, corpo e espírito, uma experiência prazerosa e purificadora ao mesmo tempo, a sensação de "noite escura" paradoxalmente causada pelo excesso de luz, a inefabilidade e dificuldade de ser narrada no momento posterior.

Ao mesmo tempo, a teologia vem desenvolvendo a consciência de que a experiência extraordinária de Deus é também mediada pela condição humana, embora nem sempre na forma ordinária. Assim sendo, ela é sempre uma experiência da "imediatez mediada" de Deus.[15] Vários aspectos permeiam essa experiência espiritual, como a consciência em seus diversos níveis, a linguagem baseada em imagens e conceitos, conotações e emoções históricas, modelos e teorias. Além disso há a contextualização cultural, comunitária e social que levantam a pergunta pela situação do sujeito que faz a experiência. Isso sem contar com os elementos simbólicos e projetivos da linguagem, especialmente nas experiências em que a consciência ultrapassa seus limites ordinários. Há também o estado afetivo e os interesses profundos da pessoa. Tudo isso em uma mescla de contextos religiosos e não religiosos.

Não por acaso, o Dicastério para a Doutrina da Fé nos diz que se pode reconhecer "muitos sinais da ação do Espírito Santo em meio a uma dada experiência espiritual"[16] e depois, em explicação posterior, diz que "em um determinado contexto, não necessariamente

---

15 SCHILLEBEECKX, E. Los hombres, relato de Dios, p. 45-50.

16 DICASTÉRIO PARA A DOUTRINA DA FÉ. Normas para proceder no discernimento de presumidos fenômenos sobrenaturais, n.17, p. 7.

de origem sobrenatural, o Espírito Santo opera coisas boas"[17]. Afinal, na condição humana, elementos religiosos e não religiosos se mesclam.

Pela complexidade das experiências de caráter extraordinário, talvez devamos dizer que é preciso libertar Maria do "maravilhosismo" e devolvê-la ao maravilhoso do Evangelho, captado pela fé que, como vimos, traz em si a dimensão mística. O maravilhosismo valoriza apenas acontecimentos raros, extraordinários, fora do sujeito; o maravilhoso do Evangelho, por sua vez, transforma por dentro no dia a dia, é uma escola mística da fortaleza e do amor. É preciso também libertar Maria do fundamentalismo das experiências que não percebem os limites da condição humana e atribuem a Deus e a Nossa Senhora cada acontecimento extraordinário, em sua forma e em suas palavras. Nesse sentido, podemos olhar para uma Doutora da Igreja que teve muitas experiências extraordinárias e refletiu, com propriedade, sobre elas. É o que veremos a seguir.

2. O que podemos aprender com Santa Teresa de Ávila, Doutora da Igreja?

Observamos a experiência mariana de Santa Teresa de Jesus para percebermos o contexto mariano de uma vida cheia de fenômenos extraordinários. Dentre eles, veremos a visão profética que Santa Teresa teve, em que "vê" Maria e José, porém nunca com os olhos corporais.

[17] DICASTÉRIO PARA A DOUTRINA DA FÉ. Normas para proceder no discernimento de presumidos fenômenos sobrenaturais, nota 18, p. 14.

E perguntemos a seus escritos o que podemos aprender sobre as experiências místicas extraordinárias.

Santa Teresa de Jesus, ou Santa Teresa de Ávila, é conhecida por sua famosa oração: "Nada te perturbe, nada te espante...". É admirada por ser a andarilha inquieta, fundadora dos conventos de carmelitas descalças e descalços. É a mulher mística e a escritora do século XVI. Papa São Paulo VI a declarou, ou, como disse em sua homilia, a "reconheceu" Doutora da Igreja, em 1970. Foi a primeira mulher Doutora da Igreja.

Na basílica de Aparecida, o artista sacro Cláudio Pastro a ela dedicou lugar especial, no painel do Cristo Pantocrator, acima da porta norte. Santa Teresa puxa a fila das mulheres, ao lado direito de quem contempla a bela obra. Traz nas mãos o livro e a pena de escritora. Está bem perto de Jesus.

Vejamos a experiência mística mariana de Santa Teresa e alguns importantes elementos de discernimento que esta doutora da Igreja nos deixou. Veremos que as visões e aparições não suplantam nem substituem o "amor de Deus e do próximo", ao contrário, são subordinadas a esse amor.

2.1. Experiência mariana de Santa Teresa

Maria ocupa um espaço privilegiado na experiência de vida e fé de Santa Teresa. Não falamos aqui apenas de experiências extraordinárias, mas de uma relação com a Virgem fortalecida de muitas maneiras. Encontramos a oração do Rosário, transmitida por sua mãe na infância; o sentimento filial na adolescência, com a morte da mãe; a entrada na Ordem do Carmo, com suas regras e sua espiritualidade marianas; a identidade religiosa de levar o hábito da Virgem, que traz o sentido de confiança e filiação, além de imprimir um ideal elevado para a comunidade.

Ao longo de sua vida, Santa Teresa celebrou com alegria e simplicidade as festas litúrgicas em que Maria aparece, bem como as festas populares de seu tempo.

Elemento essencial é a contemplação da humanidade de Cristo e de Maria, o que lhe traz fina observação de Maria nos Evangelhos e sensibilização por suas virtudes, especialmente a fé e a fortaleza. Desta forma, a mística de Santa Teresa não separa, e sim articula a vida terrena de Maria com a existência gloriosa da Virgem soberana. Em alguns momentos, é como se a Santa intuísse a vida interna da Mãe do Senhor, tão amada por Deus. E encontramos também, nos escritos teresianos, algumas narrativas de experiências interiores que aprofundam a presença inspiradora de Maria na existência da Santa.

2.2. Uma experiência mística extraordinária, com Maria e José

Dentre essas experiências extraordinárias, ressaltamos a visão da Virgem soberana ao lado de São José.

A narrativa se destaca na obra teresiana e se encontra em sua autobiografia, o *Livro da Vida*.[18] O contexto são os acontecimentos que precederão a primeira fundação teresiana, o Carmelo de São José, em Ávila. Conta-nos Teresa que, em uma capela em que se celebrava o dia de Nossa Senhora da Assunção, viu-se na presença da Virgem e de São José, e eles a cobriram "com uma roupa de grande brancura e esplendor", dando-lhe a entender que ela estava "purificada de seus pecados".

A conversa e experiência maior são com Nossa Senhora. Diz Teresa que depois, tomando-a pela mão, a Virgem manifestou-lhe contentamento na fundação do Carmelo descalço que se realizaria. Disse que, ali, seriam muito bem servidos o Senhor, ela e São José. Eles guardariam a fundação e o Filho andaria "a nosso lado" [ao lado dos membros da primeira fundação]. Como sinal, adorna Teresa com um colar de ouro e pedras, com uma cruz pendida.

A narrativa mostra uma experiência que chega ao fundo do coração de Teresa e de sua história. Primeiramente, pelo perdão e pela purificação experimentados. Também, pelo fato de Maria ter-lhe tomado pela mão de fundadora e de escritora. Há uma mensagem de força e, ainda mais, Nossa Senhora "avaliza" a fundação e promete acompanhamento; por último, concede-lhe um sinal da verdade, o colar de ouro e pedras, com a cruz pendida. Com essa experiência, um tipo de visão mariana, a Santa não poderia estar mais fortalecida para sua missão de fundadora.

---

18 SANTA TERESA, Livro da Vida (33,14-15), p. 117. Ver também Livro da Vida, cap. 36,24.

Além disso, e como se não bastasse, Teresa vê a Virgem glorificada e São José (esse por outro modo de visão) subirem ao céu, em uma verdadeira participação na realidade da festa litúrgica de Nossa Senhora da Assunção. Trata-se de uma forma de visão, uma experiência extraordinária, espiritual e não com os olhos do corpo.

Essa visão não é a única narrada pela Santa de Ávila. Em outros momentos, ela como que vê sua comunidade orante, amparada sob o manto de Nossa Senhora.

O que dizer dessas experiências místicas extraordinárias?

Estas e outras graças místicas tiveram grande repercussão em sua pessoa, em sua psicologia, em sua fé, em seu conhecimento de Deus, em sua tarefa de escritora e mistagoga, em sua ação fundadora. Observemos bem como a visão descrita acima está inserida em um contexto litúrgico e pressupõe uma vida que poderia ser definida como uma "vida com Maria", desde a infância.

Santa Teresa valorizou, de forma agradecida, todos os tipos de experiências espirituais pelas que passou. Registrou-as em suas obras e animou a vida de oração. Ao mesmo tempo, deixou fortes advertências quanto ao desejar experiências extraordinárias, como veremos.

2.3. O que Teresa ensina sobre a experiência mística extraordinária?

A Doutora da Igreja, em sua obra, coloca-nos dentro de suas experiências e, também, reflete sobre elas. Ressaltamos: as "três graças"; os avisos sobre as experiências; seu inequívoco magistério sobre a proeminência do amor a Deus e ao próximo, e sobre a experiência extraordinária.

a) As três graças: experimentar, compreender e saber expressar

É Teresa de Ávila quem nos dará chaves para ver a experiência mística em momentos gradativos. No *Livro da Vida* levará o leitor e leitora a compreenderem que há diferença entre experimentar uma graça mística, compreendê-la e expressá-la.

Para cada um desses momentos é preciso a graça de Deus: "um favor é receber a graça do Senhor, outro é entender qual o favor e qual a graça, e outro ainda saber entender e explicar como é"[19]. Embora muitos pensem que basta a experiência inicial, a experiência pode (e deve) ser compreendida, pois, sem essa reflexão posterior, perde-se a interpretação e sentido da experiência, de tal forma que se perde seu verdadeiro efeito para a vida de todos. Para compreender a experiência, Santa Teresa dialogava com pessoas de confiança e teólogos de seu tempo. Uma de suas maiores preocupações era se a experiência estava conforme a Bíblia. Na comunicação da experiência, há ainda uma terceira graça, pois a expressão literária da mística tropeça no limite das palavras, porém oferece narrativas importantes e possibilita que os leitores e leitoras participem em algum nível da mesma experiência.

[19] SANTA TERESA. Livro da Vida (17,5), p. 98-99.

Interessante gradação de três graças, que vão desde a experiência mística extraordinária até a expressão dela. Na sabedoria mística teresiana, o sentimento está unido à compreensão e à busca de comunicação. Nesse sentido, ela não sucumbe ao fundamentalismo acrítico das próprias experiências.

Sabemos quantas experiências conjugadas com fenômenos extraordinários Santa Teresa teve. Êxtases, raptos ou arroubamentos; visões ou aparições; falas místicas; profecias do futuro ou do futuro ainda mais longe; revelações do plano divino; feridas místicas e, entre elas, a conhecida "graça do dardo" (ou "transverberação do coração"), em que um anjo lhe transpassa o coração, provocando amor. Também: levitações; voo do espírito; júbilos; toques de amor; recolhimento infuso de toda a atividade intelectual e imaginativa; quietude amorosa da vontade, absorvida pelo objeto amado. Tudo descrito em suas próprias obras.[20] Essas experiências conjugadas com fenômenos extraordinários são objeto de particular atenção da Santa de Ávila, em seu discernimento e em sua compreensão.

E como se dá essa compreensão? Algumas vezes, o entendimento vem no interior do próprio fenômeno, outras vezes mais tarde, por meio da reflexão e do diálogo sincero com outras pessoas. Há um discernimento entre o núcleo da experiência e os elementos episódicos e históricos. É preciso interpretar a experiência, à luz da lógica de Deus, não pelo fenômeno maravilhoso vivido

---

[20] PEDROSA-PADUA, A experiência do corpo na mística de Santa Teresa d'Ávila, p. 68-70.

ou gosto provocado. E a lógica de Deus se encontra nos evangelhos – aqui está uma das grandes contribuições teresianas, que desenvolvemos a seguir.

b) Alertas sobre os enganos das experiências místicas extraordinárias

O livro *Castelo Interior ou Moradas* é o livro da maturidade teresiana. Pode ser relido em nosso tempo, na ótica das experiências místicas extraordinárias. E com isso trazer luzes sobre elas, bem como advertências e conselhos.

Algumas advertências são básicas sobre as graças que trazem fenômenos extraordinários. A Santa diz que esses não são um sinal de santidade: "Há muitas pessoas santas que nunca souberam o que é receber uma dessas graças, ao passo que existem outras que, tendo-as recebido, não são santas".[21] Teresa alerta também para o perigo de uma experiência que se torna pública. A graça extraordinária, quando é pública, gera confusão da pessoa, e nunca orgulho, vaidade ou soberba.[22] Assim, esses fenômenos, se verdadeiros, não apontam para quem os têm, mas sim para Deus, e jamais provocam a vaidade.

Além desses alertas, Santa Teresa oferece seis razões para não se buscar graças extraordinárias, razões estas incrustradas literariamente em plena Morada

[21] SANTA TERESA. Moradas (6M 9,16), p. 400.
[22] SANTA TERESA. Moradas (6M4,16), p. 382.

sexta, caracterizada pela narrativa de grandes graças místicas.

Diz Teresa:

> Ainda que tal caminho vos pareça muito bom, (...) não convém agir assim por algumas razões. **Em primeiro lugar**, porque é falta de humildade desejar o que nunca merecestes (...). **Em segundo lugar**, porque é muito fácil haver engano, ou risco de o haver (...). **Em terceiro**, porque a própria imaginação, quando há um grande desejo, leva a pessoa a acreditar que vê e ouve aquilo que deseja, tal como os que, querendo uma coisa durante o dia e pensando muito sobre isso, sonham com ela à noite. **Em quarto lugar**, porque é extremo atrevimento que eu deseje escolher um caminho, já que não sei qual o melhor. (...) E, **em quinto**, julgais que são poucos os sofrimentos padecidos por aqueles a quem o Senhor concede essas graças? E sabeis vós se seríeis pessoas para padecê-los? (...) **Por último**, porque talvez por aí mesmo onde pensais ganhar, perdereis – como ocorreu a Saul, por ser rei.[23]

O texto fala por si. Convidamos o leitor e a leitora a refletirem sobre os seis argumentos teresianos dessa citação, tirada do livro *Castelo Interior ou Moradas*, e traçarem a relação entre os argumentos da Santa e a mensagem bíblica.

c) O verdadeiro caminho é o amor

Teresa quer garantir que o principal é aprender a amar a Deus e ao próximo. Esta é a verdadeira união

23 SANTA TERESA. Moradas (6M 9,15), p. 400.

com Ele. Porém, diz ela, muitos buscam os gostos espirituais, as experiências maravilhosas, que nada se parecem com as dificuldades pelas que passou Jesus em sua vida terrena. O único e verdadeiro sinal de que amamos a Deus é se amamos o próximo.[24] E resume: "só duas coisas nos pede o Senhor: amor a sua Majestade e ao próximo".[25]

O essencial não está no extraordinário e grandioso. Nem no gosto pessoal, mas no amor, e amor concreto que se traduz em gestos e ações concretas: "o Senhor quer obras".[26] Muito de acordo com o diz o evangelista Lucas sobre Maria (Lc 11,28): "Felizes, antes, os que ouvem a Palavra de Deus e a observam!"

3. Conclusão: a verdadeira presença de Maria na vida cristã

Na vida cristã, como na experiência da corajosa Santa Teresa de Jesus, a presença de Maria inspira o seguimento de Jesus em fortaleza e amor, firmeza na fé e esperança nas adversidades. Para a Santa de Ávila, Maria afirma a dignidade de todas as mulheres, especialmente diante de situações de falta de amor: desqualificação, abuso de poder e violência em todos os contextos (Teresa as viveu na pele...). A experiência mariana teresiana faz ver em Maria um elevado ideal do papel das mulheres na Igreja e a inspiração de uma

24 SANTA TERESA. Moradas (5M3,8), p. 364.
25 SANTA TERESA. Moradas (5M 3,7), p. 363.
26 SANTA TERESA. Moradas (5M 3,11), p. 363.

existência cristã vivida com audácia e criatividade, na certeza da presença de Cristo que caminha conosco. Nesse caminho, testemunha Teresa, acompanham-nos Santa Maria e São José.

A experiência teresiana manifesta a beleza amorosa da mística, independentemente da presença de fenômenos extraordinários, que podem também acontecer. A mística é a experiência do mistério do Deus, possibilitada por Ele mesmo e vivida já na experiência de fé, que nos capacita a ter olhos para descobrir os segredos do Reino, inserir-nos no mistério de comunhão trinitária e permanecer no amor.

Maria é a mulher mística por excelência, que experimentou em todo o seu ser – corpo, mente, coração e espírito – o mistério da presença de Deus em si mesma e ao lado dela. Aberta ao Espírito, teve olhos para ver o mistério de amor no mundo, atuando por seu filho, exaltando os pobres, doentes, mulheres, pequenos... Criou comunhão, permaneceu no amor até o fim e testemunhou o novo começo, como mãe da nova criação. Glorificada, ajuda-nos a despertar para os caminhos do Espírito de amor, em todas as coisas, e a percorrer o caminho místico por excelência, da amorização em nossos corações, contextos e em nossas realidades, tão cheias de ódio, ganância, destruição do outro e do planeta. Os místicos e místicas são os que constroem uma nova Igreja, um mundo novo, famílias novas. Sejamos um deles! Como Maria, eles encontraram a pérola.

Referências

DICASTÉRIO PARA A DOUTRINA DA FÉ. Normas para proceder no discernimento de presumidos fenômenos sobrenaturais. 17 de maio de 2024. Disponível em: Normas para proceder no discernimento de presumidos fenômenos sobrenaturais (17 de maio de 2024) (vatican.va) . Acesso em 18/05/2024.

HAUCK, F. Ménein. In: *Grande Lessico del Nuovo Testamento*. v. 7. Brescia: Paideia, 1971, p. 25-32.

HAUCK, F. Moné. In: *Grande Lessico del Nuovo Testamento*. v. 7. Brescia: Paideia, 1971, p. 40-44.

JIMENEZ DUQUE, Baldomero. *Mística: la experiencia del mistério*. Valencia/Mexico/Sto Domingo: EDICEP, 1995.

LADARIA, Luis F. *Teologia del pecado original y de la gracia*. 2ªed. Madrid: BAC, 1997.

LIBANIO, João Batista. *Eu creio, nós cremos: Tratado da fé*. São Paulo: Loyola, 2000.

PEDROSA-PÁDUA, Lúcia. A experiência do corpo na mística de Santa Teresa D'Ávila: conflito, amor e transcendência. In: DE MORI, Geraldo (org.). *Esses corpos que me habitam no sagrado do existir*. São Paulo: Loyola, 2022, p. 59-72.

PEDROSA-PÁDUA, Lúcia. Mística, mística cristã e experiência de Deus. *Atualidade Teológica*, v. 7, n. 15, p. 344-373, set-dez 2003.

SANTA TERESA DE JESUS. Livro da Vida. In: *Obras completas* (texto estabelecido por Fr. Tomas Alvarez). 8ª ed. São Paulo: Carmelitanas/Loyola, 2021, p. 37-219.

SANTA TERESA DE JESUS. Castelo Interior ou Moradas. In: *Obras completas* (texto estabelecido por Fr. Tomas Alvarez). 8ª ed. São Paulo: Carmelitanas/Loyola, 2021, p. 315-422.

SCHILLEBEECKX, E. *Los hombres, relato de Dios.* Salamanca: Sígueme, 1994.

VATICANO II. *Dei Verbum.* Constituição dogmática sobre a Revelação divina. In: COMPÊNDIO DO VATICANO II. Constituições, decretos, declarações. 20ª ed. Petrópolis: Vozes, 1989, 119-139.

3
Marialis Cultus – 50 anos: seu valor e sua atualidade

Andreia Cristina Serrato[1]

Introdução

A Exortação apostólica *Marialis Cultus*, promulgada pelo papa Paulo VI, em 1974, para a reta ordenação e desenvolvimento do culto à bem-aventurada Virgem Maria, continua sendo um documento de grande relevância sobre a devoção mariana e para o estudo da mariologia na contemporaneidade, uma vez que a figura de Maria continua exercendo influência significativa na espiritualidade dos fiéis e nas práticas religiosas, tanto individualmente quanto coletivamente. Nesse contexto, *Marialis Cultus* continua sendo um ponto de referência para compreender e promover uma relação mais profunda com Maria, mãe de Jesus, em meio aos desafios

[1] Andrea Serrato é doutora na área de Teologia Sistemática, pela Pontifícia Universidade Católica do Rio de Janeiro (2015). Mestre em Teologia, pela Faculdade Jesuíta de Filosofia e Teologia. Professora do Programa de Pós-graduação em Teologia, da PUCPR.

e às questões do mundo atual. Acentuamos o aspecto de que *Marialis Cultus*, antes de ser um culto a Maria ou um culto mariano, ela consiste em um culto marial, quer dizer que consiste em um culto a Deus, a exemplo de Maria, que conduz toda a pessoa a viver a aliança no discipulado de Jesus, a partir de Maria. É um convite para passar da fé em Maria para a fé de Maria. Pois crer *em* (*fides quae*) é exclusivamente para Deus; somos convidados a crer como Maria.

Mesmo no século XXI, na Igreja católica, nada se compara à devoção mariana, seja em Aparecida e Guadalupe, nas Américas, seja ainda em Fátima, na Europa, ou em Velankanni, em Tamil Nadu, no sul da Índia. Nas imagens das padroeiras, ou melhor, "madroeiras", ou nas grandes aparições, consolidam-se um conjunto de imagens arquetípicas que, de certa maneira, transcendem a fé católica, para se tornar símbolo e apoio a toda dor e toda ternura que pode haver no coração das pessoas. Afinal, como não pedir ajuda a mulher jovem que diz sim a Deus, para ser mãe de seu Filho, e depois o vê morrer na cruz injustamente?

A mulher perseverante, ao pé da cruz (Jo 19,25-28), representa todas as mulheres que choram a dor da perda de seus filhos, a mulher forte que permaneceu de pé e aderiu à missão do Filho de Deus. Sem deixar de falar que essa mesma mulher, por conhecer tão concretamente sua realidade, diz sim ao anjo, quando ele anuncia que será a mãe do Salvador (Lc 1,25-38). Embora não o fez, sem antes perguntar como seria: "Como se dará isso, se não conheço homem algum? (Lc 1,34).

Mesmo sabendo que não era casada e poderia ser apedrejada, confiou no plano de Deus para toda a humanidade. O texto do evangelho sobre o tema não demonstra que Maria titubeou para ir visitar sua prima Isabel, ao menos no texto não identificamos isso, ao contrário, demonstra a autonomia de Maria: "Levantando-se partiu com pressa", saiu para evangelizar. É a serva em ação. E, depois deste importante encontro entre duas mulheres, temos o canto da libertação, *Magnificat*. Uma joia que explicita profundamente como Maria conhecia sua realidade e clamava a Deus por justiça. Lembramos ainda da mãe que foi a discípula fiel e abre caminho para a vida pública de Jesus na Bodas de Caná, convida a humanidade a fazer "tudo o que Ele disser" (Jo 2,1-12), convoca a escutar sua vontade e segui-lo.

Maria, a mulher que, muitas vezes, foi vista como aquela que disse "sim", sem questionamento, interpretado como submissão, agora é explorada a partir da mulher do cotidiano de Nazaré. Diante de tantas dúvidas, "silenciava e guardava tudo em seu coração". Não tinha respostas, nem certezas, mas imperava a confiança. A possibilidade de retornar a uma mariologia bíblica e resgatar seus fundamentos, para compreender ainda mais a mãe de Deus, proporcionou atravessar as barreiras do devocionismo, para perceber as sutilezas da Virgem, que embarcou em uma experiência que excedeu toda a compreensão humana.

Quanto à Exortação *Marialis Cultus*, afirmamos que o documento parte da renovação litúrgica, apresentada pelo CV II, para explicar o lugar de Maria no ciclo geral e o sentido das festas propriamente marianas. Paulo VI articula ainda a questão da cultura e da inculturação do culto devido a Maria, como a mulher que viveu fiel a seu contexto e inseriu-se no mistério de Cristo.

Sua relevância continua atual, uma vez que as diretrizes propostas por esse documento continuam a influenciar as práticas devocionais marianas, bem como a mariologia ao longo das décadas, desde sua publicação. Ao examinar mais detalhadamente os ensinamentos da *Marialis Cultus,* o que faremos no decorrer do texto, torna-se evidente como mantém seu valor e seus significados para os fiéis cristãos, que buscam vivenciar a espiritualidade mariana, nos dias atuais.

A exortação apostólica *Marialis Cultus*, de Paulo VI, foi fundamental para o ressurgimento da mariologia e a renovação do culto a Maria. Ele define seu lugar na liturgia católica após o Concílio Vaticano II e esclarece dúvidas sobre a devoção mariana. O texto examina o culto a Maria na liturgia, incluindo celebrações, como a Imaculada Conceição e a Assunção. Além disso, analisa como a Virgem é um modelo de fé, oração e dedicação para a Igreja, e como os exercícios de piedade mariana devem expressar sua relação com Cristo. Não abordaremos todos os detalhes da encíclica, neste momento. Apresentaremos alguns pressupostos, conceitos e o contexto histórico para a compreensão da Exortação Apostólica e sua atualidade. Em seguida, demonstraremos os pontos de destaque do documento, para então identificar as considerações do papa Francisco, sobre a

Marialis Cultus. Por último, identificaremos os valores e a relevância para a atualidade.

2. Alguns pressupostos

Desde a década de 1960 até o ano de 1974, a Igreja católica passou por mudanças significativas e desafios em todo o mundo. Um dos grandes acontecimentos, entre os anos de 1962 a 1965, foi o Concílio Vaticano II (CV II), grande marco na história da Igreja, convocado pelo papa de transição, João XXIII, que promoveu reformas significativas na liturgia e nas práticas eclesiásticas. Tais mudanças produziram grande abertura da Igreja para o mundo moderno. Entretanto, a aceitação foi um processo complexo e variado, que ressoa até hoje. Alguns membros da Igreja acolheram as mudanças com muito entusiasmo, vendo-as como uma oportunidade de renovação e diálogo com a sociedade contemporânea, outros, no entanto, foram cautelosos e mesmo críticos, em relação às reformas propostas. Se podemos comparar, seria algo como o que acontece com o Sínodo para a sinodalidade. Um processo antigo da Igreja, sendo retomado agora, em que todos e todas têm voz e lugar; no entanto, vemos muitos resistindo a tal processo. Toda renovação encontra-se marcada por uma variedade de reações, que refletem tanto esperanças quanto preocupações.

A abertura do CV II promoveu também diálogos entre as igrejas cristãs e não cristãs, buscando promover a unidade a partir do ecumenismo e do diálogo inter-religioso. É um período complexo, que reflete os desafios e as mudanças enfrentadas pela Igreja, em âmbito global.

Recordamos que o CV II, ao promulgar a constituição dogmática *Lumen Gentium*, que incluiu o capítulo VIII dedicado à Virgem Maria, com o título "A bem-aventurada Virgem Maria Mãe de Deus no mistério de Cristo e da Igreja", destacou o papel único de Maria na história da salvação e sua importância como modelo de fé para os cristãos. Maria, mãe de Jesus, continua sendo a figura significativa no contexto da Igreja, tanto para a devoção popular como para o estudo sistemático. Um dos campos explorados foi o papel de Maria como mulher no contexto sociopolítico contemporâneo, como a Maria libertadora do Magnificat. Para Afonso Murad, foi "a mais importante referência do magistério da Igreja Católica a respeito da **mãe de** Jesus" (2012, p. 20). Esse documento situa Maria na comunhão dos santos e no mistério da Igreja e de Cristo, e não de forma isolada, é traçado seu perfil bíblico e sua missão na história da salvação, bem como as balizas pastorais para seu culto na Igreja. Contribui para uma sadia vivência da espiritualidade mariana e estabelece "as bases teológicas necessárias para superar a ambiguidade de títulos marianos, como 'medianeira' e 'corredentora', reafirmando o dado bíblico central: 'Jesus é o único mediador'".

Marialis Cultus (MC) é um documento escrito à luz do *aggiornamento* do Concílio Vaticano II, período em que o papa Paulo VI assume seu Pontificado. Já em 1964, dez anos antes, o capítulo VIII da Constituição dogmática *Lumen Gentium* (Luz dos povos) estava redigido. A Exortação Apostólica insere Maria na história da salvação, dando destaque à fundamentação bíblica, levando em conta a exegese recente, os Padres da Igreja e os teólogos e teólogas posteriores. A devoção aparece aqui como incentivo para a fé e amor a Jesus. Além disso, o documento favorece o diálogo ecumênico, reflete as mudanças e revisões ocorridas na liturgia e nas práticas devocionais da Igreja católica. Ele enfatiza o papel de Maria como modelo de fé e virtude para os fiéis, destacando a relevância das práticas devocionais marianas na espiritualidade cristã

Giovanni Battista Enrico Antônio Maria Montini, italiano, participou do CVII como cardeal e apoiou a linha reformista. Ao ser eleito papa, Giovani Montini escolheu o nome de Paulo VI em 1963, permanecendo como pontífice até 1978. Ele sucedeu o papa João XXIII, que faleceu antes de finalizar o CVII. Paulo VI deu continuidade ao Concílio e promoveu grande modernização na doutrina e na liturgia da Igreja. Permitiu que a missa fosse celebrada no idioma de cada país, tirou a obrigação da batina e abriu espaço para movimentos sociais. Desafiou tanto os liberais quanto os conservadores. Defendeu os pobres, trabalhadores, pregou as mensagens sociais do Evangelho, nomeou cardeais progressistas e chegou a ser chamado de marxista. Foi o papa que conferiu a Maria o título de "Mãe da Igreja", em 1964, no encerramento da III seção do CVII.

Em 1965, "iniciou uma ação profunda de modificações das estruturas do governo central da Igreja, criando novos organismos para o diálogo com os não cristãos e os não crentes, instituindo o Sínodo dos bispos".[2] Foi o primeiro papa a viajar de avião e visitou os cinco continentes, sendo também o primeiro a visitar a Terra Santa. Outro ponto inovador de seu pontificado foi em 1970, quando tomou "uma decisão sem precedentes, ao declarar doutoras da Igreja as duas mulheres: santa Teresa de Ávila e santa Catarina de Sena"[3]. O papa Paulo VI enfrentou questões relacionadas à contracepção, o que resultou na Encíclica *Humanae Vitae*. Esse texto foi contestado porque ele, em uma decisão autônoma e solitária, fechou as portas a todo tipo de contracepção. Dentre suas exortações citamos a *Evangelli Nuntiandi*; sobre Nossa Senhora, sua Exortação Apostólica *Signum Magnum* e *Marialis Cultus* – tema da nossa reflexão.

Durante os 15 anos de seu pontificado, ele enfrentou desafios, como a modernização da Igreja pós-Concílio Vaticano II, alguns acontecimentos históricos: guerra do Vietnã, crise do petróleo, revolução iraniana, o fim da ditadura militar na Espanha, assim como seu início em outros países. Além disso, houve a renúncia do presidente dos EUA Richard Nixon e as revoltas estudantis na França. Em 1969, aconteceu o Woodstock, maior evento da contracultura. Na Igreja houve um aumento dos movimentos sociais, nos quais ela se envolveu cada vez mais; exemplos incluem os direitos civis nos Estados Unidos e movimentos de libertação em

---

[2] PERFIL BIOGRÁFICO DE **PAULO VI** (1897-1978). Disponível em: https://www.vatican.va/content/paul-vi/pt/biografia/documents/hf_p-vi_spe_20190722_biografia.html

[3] PERFIL BIOGRÁFICO DE **PAULO VI** (1897-1978). Disponível em: https://www.vatican.va/content/paul-vi/pt/biografia/documents/hf_p-vi_spe_20190722_biografia.html

países latino-americanos, que expandiram suas comunidades nesse continente. Nessa época também surgiu a Teologia da Libertação, corrente teológica que buscava conciliar as doutrinas cristãs com a justiça social.

Nessa época, teve início uma grande revolução comportamental, como a Segunda Onda Feminista, que atingiu os Estados Unidos, assim como os movimentos civis em favor dos negros e homossexuais. Ocorreu, ainda, o assassinato de Oscar Romero, por denunciar as perseguições aos camponeses expulsos das terras. Esses são apenas alguns dos muitos eventos significativos que moldaram essa década turbulenta e influenciaram o curso da história mundial.

3. Jubileu de Ouro da Exortação Apostólica *Marialis Cultus*

Comemorando os 50 anos de promulgação da Exortação Apostólica *Marialis Cultus*, refletiremos sobre a importância e atualidade do documento, tanto para a devoção mariana quanto para a mariologia. Para compreendermos o conjunto do documento, vamos por partes. Primeiro, o que se entende por exortação? É uma palavra que vem do latim *exhortatione*, que significa a ação de exortar, advertir e aconselhar. Exortação quer dizer "encorajamento, estímulo, incitação, conselho e advertência" (Larousse, p. 408, 2007). A partir da Bíblia, exortação possui o sentido de "motivar uma pessoa no seguimento de Cristo; ou seja: ensinar e motivar para viver como Cristo viveu".

Outra palavra que contribui para a reflexão do documento é apostólica. Palavra que vem do grego *apostolikós* que significa "relativo aos apóstolos", ao ensinamento e estímulo para viver como os apóstolos e sua missão (Larousse, p. 102, 2007). Desse modo, poderemos ler a Exortação Apostólica *Marialis Cultus* como um documento que encoraja uma pessoa para viver no seguimento do Cristo e viver os ensinamentos e a missão dos apóstolos, a partir do culto mariano. O que será que isso tem a nos dizer na atualidade? Ao buscarmos no documento, encontramos logo na introdução, esclarecendo que a história da piedade demonstra que:

> As diversas formas de devoção para com a Mãe de Deus, que a Igreja aprovou, dentro dos limites da doutrina sã e ortodoxa (LG 66) se desenvolvem em subordinação harmônica ao culto de Cristo, e gravitam à volta deste, qual ponto de referência natural e necessário das mesmas. Também na nossa época assim sucede.

Assim percebemos que o culto mariano gravita em torno de Cristo, seja 50 anos atrás, seja na contemporaneidade. O documento apresenta alguns temas relativos ao lugar que a bem-aventurada Virgem Maria ocupa no culto da Igreja, suscitados anteriormente pelo CVII, e retomados nesta exortação, que segue o que já orientou a *Lumen Gentium*, n. 67: "promovam generosamente o culto, sobretudo o litúrgico, para com a Bem-Aventurada Virgem Maria; deem grande valor às práticas e aos exercícios de piedade recomendados pelo magistério". O documento esclarece o que se entende por culto para não haver confusão: "a finalidade última do culto à bem-

-aventurada Virgem Maria é glorificar a Deus e levar os cristãos a aplicarem-se em uma vida absolutamente conforme sua vontade" (MC 39).

Sendo assim, acrescentaremos, ainda: o culto da bem-aventurada Virgem Maria tem sua suprema razão de ser na insondável e livre vontade de Deus, que, sendo a eterna e divina Caridade (cf. 1Jo 4,7-8.16), realiza todas as coisas, segundo um plano de amor: amou-a e fez-lhe grandes coisas (cf. Lc 1,49), amou-a por causa de si mesmo e por causa de nós, deu-a a si mesmo e a deu a nós.

A estrutura da Exortação Apostólica *Marialis Cultus* está dividida em três partes. A primeira apresenta *O Culto da Virgem Santíssima na Liturgia;* a segunda parte tem como tema *Para a Renovação da Piedade Mariana*; e a terceira parte, *Indicações acerca dos Pios Exercícios do "Angelus Domini" ("Ave-Marias") e do Santo Rosário.* O documento propõe relações entre a Liturgia e o culto a Maria; apresenta algumas considerações e diretrizes para favorecer o desenvolvimento do culto, além de refletir sobre a prática da vigorosa e consciente recitação do santo Rosário, uma prática muito difundida entre o povo cristão. Evidencia elementos teológico-espirituais e afirma que ao prestar culto a Maria deve-se considerar o âmbito bíblico, teológico e litúrgico. Resgata, assim, a humanidade de Maria como profetisa, colocando as grandes questões do feminino à mostra.

Na primeira parte, *O culto da Virgem Santíssima na Liturgia* exortará o tema sobre a Virgem Santíssima na

Liturgia romana restaurada, na esteira do CVII, situando de início o lugar de Maria:

> Ao dispor-nos a tratar do lugar que a bem-aventurada Virgem Maria ocupa no culto cristão, devemos, em primeiro lugar, volver nossa atenção para a sagrada Liturgia; esta, efetivamente, para além de um rico conteúdo doutrinal, possui uma incomparável eficácia pastoral e tem um bem reconhecido valor exemplar para as outras formas de culto (MC 1).

O documento nos convida a ir além do conteúdo doutrinal, para viver a liturgia com a experiência que o momento pede. De maneira que ressoe na vida, na atualidade. O que a liturgia apresenta sobre a Virgem Maria que nos conduz ao Cristo e nos faz viver cada vez melhor nosso cotidiano? No n. 4, por exemplo, convida o fiel a viver com a liturgia o espírito do Advento, preparando o caminho para o Cristo:

> Desta maneira, os fiéis que procuram viver com a Liturgia o espírito do Advento, ao considerarem o amor inefável com que a Virgem Mãe esperou o Filho, serão levados a tomá-la como modelo e a prepararem-se, também eles, para irem ao encontro do Salvador que vem, "bem vigilantes na oração [...]. Queremos observar, ainda, a Liturgia do Advento, conjugando a expectativa messiânica.

A palavra liturgia vem da palavra grega *Laós+ergon*, que significa ação do povo, serviço público (Lacoste, p. 1045, 2004). Compreendemos ainda como celebração do mistério da redenção, no cristianismo. No Missal Romano, aparecem todos os temas marianos, como a Conceição Imaculada, a Virgindade, templo do Espírito Santo, cooperadora da obra do Filho, santidade exemplar, intercessão misericordiosa, Assunção ao Céu, realeza materna, todos em continuidade com a doutrina. Alguns novos foram introduzidos de acordo com o tempo, como Mãe de Cristo e da Igreja, esposa sem mancha de Cristo, santa Mãe de Deus e da Igreja. Depois de explicitar todas as liturgias, em que Maria fará parte, o n. 11 da MC afirma:

> Quando a Liturgia, depois, volve seu olhar quer para a Igreja primitiva, quer para a contemporânea, aí encontra, amiúde e sem esforço, Maria: nos primórdios, como presença orante, juntamente com os Apóstolos; (21) mais proximamente, como presença operante, juntamente com a qual a Igreja quer viver o mistério de Cristo: "Dai a vossa Igreja, unida a Maria na paixão de Cristo, participa da ressurreição do Senhor"; (22) além disso, como voz de louvor, juntamente com a qual quer glorificar a Deus: "... fazei-nos dóceis ao Espírito Santo, para cantar com ela vosso louvor".

Verifica-se aqui que o convite se encontra em levar a Igreja a viver os mistérios de Cristo, de maneira que isso aconteça no presente. Sendo assim conduz diretamente ao lugar de Maria no culto cristão, pois a liturgia cristológica é igual para todas as pessoas:

> Este breve exame dos livros litúrgicos restaurados leva-nos a uma confortante comprovação: a reforma pós-conciliar, como já figurava entre os votos do Movimento Litúrgico, considerou a Virgem Maria com uma perspectiva adequada no mistério de Cristo; e, em sintonia com

> a tradição, reconheceu-lhe o lugar singular que lhe compete no culto cristão qual Santa Mãe de Deus e enquanto alma cooperadora do Redentor (MC 15).

O lugar de Maria está posto, "alma cooperadora do redentor". Lugar que a Igreja em todos os tempos a atribuiu, considerando a viva presença do Espírito, atualizando as motivações para nossos tempos, lugar no qual a liturgia é a expressão máxima da mesma tradição viva.

Na sequência, ao apresentar *A Virgem Maria, modelo da Igreja no exercício do culto,* destaca um aspecto especial das relações entre Maria e a Liturgia. Maria é vista como um modelo exemplar da atitude espiritual que a Igreja adota, ao celebrar e viver os mistérios divinos, por ser um modelo excepcional para a Igreja, tanto na fé, caridade, como na união perfeita com o Cristo (LG 63).

Outros atributos conferidos a Maria, em relação ao culto, que contribuem para conduzir a seu Filho são: "Maria é a Virgem que sabe ouvir, que acolhe a Palavra de Deus com fé" (MC 17); "Maria é, além disso, a *Virgem dada à oração"* (MC 18); Virgem Mãe, isto é, aquela que "por sua fé e obediência, gerou na terra o próprio Filho de Deus Pai, sem ter conhecido varão, por obra e graça do Espírito Santo (LG 63)" (MC 19). Maria foi mãe espiritual, para depois ser mãe biológica – assim como ela gerou o filho, todas as pessoas são convidadas a gerá-lo em si mesmas, em nosso cotidiano. É ainda a "Virgem oferente" (MC 20) – esteve com seu filho sempre. Maria esteve de pé, junto à Cruz (cf.

Jo 19,25), "sofrendo profundamente com seu Unigênito e associando-se com ânimo maternal a seu sacrifício, consentindo amorosamente na imolação da vítima, que ela havia gerado" (LG 58), e oferecendo-a também ela ao eterno Pai (MC 20).

Ao retomarmos a pergunta de que maneira essas palavras ressoam na vida cotidiana para o seguimento do Cristo? Muitas coisas nos ajudam a viver mais próximos do Cristo a partir de Maria. A confiança que ela tem no plano de Deus, confia sua vida, entregando a si mesma a esse projeto. Mesmo sem entender, guarda tudo em seu coração e espera, na esperança do que lhe fora prometido. Maria é também mestra de vida espiritual para todo cristão e toda cristã:

> Maria é modelo [...] daquele culto que consiste em fazer da própria vida uma oferenda a Deus: [...], que poderá entrever também, se der ouvidos à palavra da mesma Virgem Santíssima, quando ela, antecipando em si a estupenda petição da Oração Dominical, "seja feita a vossa vontade" (Mt 6,10), respondeu ao mensageiro de Deus: "Eis a serva do Senhor! Faça-se em mim segundo tua palavra" (Lc 1,38). E o "sim" de Maria é para todos os cristãos lição e exemplo, para fazerem da obediência à vontade do Pai o caminho e o meio da própria santificação (MC 21).

Nessa afirmação, verificamos que Maria é modelo, à medida que nos conduz ao Filho, que nos coloca junto do Filho, para sermos discípulos e discípulas fiéis, como ela foi. A Maria de Nazaré, a criatura, convida-nos a fazer a vontade de Deus, dizer sim a seu plano, buscando o caminho de santificação no cotidiano.

A segunda parte da Exortação, *Para a Renovação da Piedade Mariana*, não é diferente, continua convocando cada pessoa a seguir na esteira do Cristo, tendo como orientação, no caminho, Maria. A exortação destaca que mesmo o CVII, na encíclica *Lumen Gentium*, já solicitava que, ao lado do culto litúrgico, se promovam outras formas de piedade, em que se levasse em conta o respeito pela tradição, abrindo-se aos sinais dos tempos. Assim, essa parte indica alguns princípios pelos quais se deve considerar: *Nota trinitária, cristológica e eclesial no culto da Virgem Maria* e *Algumas orientações, de ordem bíblica, litúrgica, ecumênica e antropológica, para os cultos à Virgem Maria*. Há que considerar que, anteriormente ao CVII, havia uma devoção exacerbada a Maria; ela era exaltada, muitas vezes, em detrimento ao Cristo. Seguindo a *Lumen Gentium*, Paulo VI destaca, no empenho pessoal e nos projetos pastorais, que seja melhorado a devoção mariana, para tirar consequências concretas desses princípios e fecundar práticas devocionais a Maria, com as riquezas do culto litúrgico. Ele propõe a Virgem como modelo da Igreja no exercício do culto (MC 23).

Segundo Velasco, o culto litúrgico distingue-se, em primeiro lugar, "pela densidade, a riqueza e a pureza doutrinal de suas fórmulas" (p. 406, 1995). Isso afirma porque a referência está nas escrituras e na tradição, convertendo-se em *Lex orandi*, na qual a vida cristã se converte em oração e pode converter-se em *lex credendi:* "As fórmulas da oração litúrgica, aquilatadas ao longo da vida da Igreja, são eco dessa tradição perene, que nos põe em comunicação com as origens fundantes" (Velasco, p. 406, 1995).

Um importante destaque para a liturgia é que nela brilham a alegria e a beleza que alimentam a vida cristã. É nela que podemos "reconhecer os homens de épocas distantes, porque suas melhores fórmulas tornam a palavra as aspirações, as nostalgias, as esperanças que latejam no coração de todos os homens" (Velasco, p. 406, 1995). E, ainda mais, sugere Velasco, para viver a devoção mariana "antes de multiplicar as devoções divulgadas, rebaixadas pelo uso do povo, tentemos aproximar o povo à piedade mariana contida no culto litúrgico, através da paciente tarefa de iniciação e de exercitação litúrgica, que seguramente será caminho excelente para a exercitação e a iniciação – a mistagogia – no mistério cristão" (p. 406, 1995).

Para mergulhar no mistério cristão, a Exortação apostólica MC, no número, 25, indica, ainda, as características imprescindíveis para que os exercícios de piedade contribuam para o processo:

> É da máxima conveniência, antes de mais nada, que os exercícios de piedade para com a Virgem Maria exprimam, de maneira clara, a característica trinitária e cristológica que lhes é intrínseca e essencial. O culto cristão, de fato, é por sua natureza culto ao Pai, ao Filho e ao Espírito Santo, ou, conforme se expressa a Liturgia, ao Pai por Cristo no Espírito.

O culto mariano tira seu verdadeiro significado de Cristo, como sinal distintivo da Igreja, sua ação e sua palavra, parte relevante de sua liturgia. Diante de tudo, é importante estabelecer a relação entre Jesus como Modelo e Maria como modelo. Em Jesus, considera-se sua unicidade ontológica, original e divina. Em Maria, imitadora dessa unicidade. Maria é a criatura que está mais próxima do Cristo, e mais próxima dos seres humanos, para isso buscamos encontrá-la no cotidiano. Além da dimensão cristológica do culto, a dimensão santificadora do Espírito Santo foi um momento culminante da história da salvação, pois "é obra do Espírito o que nela se gerou":

> Mas, sobretudo, recorreram à intercessão da Virgem Santíssima para obter do Espírito a capacidade de gerarem Cristo na própria alma, como o atesta S. Ildefonso em uma oração, que surpreende pela doutrina e pelo vigor suplicante: "Rogo-te, sim, rogo-te, Virgem Santa, que eu obtenha Jesus daquele Espírito, do qual tu mesma gerastes Jesus! Que a minha alma receba Jesus por esse mesmo Espírito, por quem a tua carne concebeu Jesus! (...) Que eu ame Jesus naquele mesmo Espírito, no qual tu o adoras como Senhor e o contemplas como Filho!" (MC 26).

Assim como S. Ildefonso roga à Virgem para que Cristo também seja gerado em seu interior, nós também poderemos pedir. A orientação é imitá-la, também, aprender com Maria, para deixar gerar vida, gerar o Cristo em nós, por meio do Espírito.

Como bem exortou o papa Paulo VI, na *Marialis Cultus,* algumas orientações importantes apresentadas pelo documento estão ali para evitar que transformemos o olhar espiritual e teológico sobre Maria em um olhar idealista e desencarnado. Essas orientações também contribuem para uma compreensão integral de Maria e uma vivência sadia da devoção mariana. São elas de ordem bíblica, litúrgica, ecumênica e antropológica.

A primeira orientação, de ordem bíblica, em toda e qualquer forma de culto, é, hoje, algo sentida como um postulado geral da piedade cristã. O progresso dos estudos bíblicos, a crescente difusão das Sagradas Escrituras e, sobretudo, o exemplo da tradição e a íntima moção do Espírito orientam os cristãos de nosso tempo para servir-se cada dia mais da Bíblia, qual livro fundamental de oração, e para tirar dela genuína inspiração e modelos insuperáveis. Assim não seria diferente em relação ao culto à bem-aventurada Virgem Maria, ele deve inspirar-se em tal orientação para tirar proveito e atingir novo vigor (MC 30).

Quanto ao critério litúrgico (cf. MC 31), o culto mariano deve harmonizar-se com os ciclos litúrgicos, ajudando a melhor vivê-los e a aprofundar no Memorial do Senhor. A dimensão litúrgica do culto mariano, na MC, recorda a norma da Constituição *Sacrosanctum Concilium* (SC), a qual, ao mesmo tempo que recomenda vivamente os exercícios de piedade do povo cristão, acrescenta:

> Importa, porém, ordenar essas práticas de piedade tendo em conta os tempos litúrgicos, de maneira que se harmonizem com a sagrada Liturgia, de certo modo derivem dela, e a ela, que por sua natureza lhes é muito superior, conduzam o povo cristão (SC 13).

Na liturgia, de acordo com a Igreja, não exagerar, em nome da liturgia, não cabe rejeição nem abandono das devoções populares. O culto mariano não deve ser visto como um fim em si mesmo; ao lembrar de Maria no plano redentor de Deus, é essencial reconhecer o lugar que ela ocupa. O culto não é uma veneração a Maria. A proclamação da bem-aventurança de Maria não termina nela, mas com ela desemboca em Deus. A liturgia é desenvolvimento do Magnificat, no qual Maria reconhece os benefícios de Deus presente naquilo que Ele já realizou nela, convoca a comunidade e clama a Deus por seu povo, que sofre e compreende as mais diferentes necessidades de maneira diversa e plural.

Quanto ao critério ecumênico (cf. MC 32-33), digamos uma sensibilidade ecumênica para evitar exageros que possam induzir a erros interpretativos e que atrapalhem o avanço no urgente caminho da unidade cristã, Maria é também o caminho para esta abertura e conexão:

> Em virtude do seu caráter eclesial, no culto à Virgem Maria refletem-se as preocupações da própria Igreja, entre as quais, nos nossos dias, se salienta o anseio pela recomposição da unidade dos cristãos. E isso, por vários motivos. Antes de mais nada, porque os fiéis católicos se unem aos irmãos das Igrejas ortodoxas, nas quais a devoção à bem-aventurada Virgem Maria se reveste de formas de elevado lirismo e de doutrina profunda, ao venerar, com particular amor, a "*Theotokos*", e ao aclamá-la como "Esperança dos cristãos"; (62) se unem aos Anglicanos, cujos teólogos clássicos já colocavam em evidência a sólida base escriturística do culto a Mãe de Nosso Senhor, e cujos teólogos contemporâneos frisam

ainda mais a importância do lugar que Maria ocupa na vida cristã; se unem, enfim, aos irmãos das Igrejas da reforma, entre os quais floresce vigorosamente o amor pelas Sagradas Escrituras, que os leva a glorificarem a Deus com as próprias palavras da Virgem (cf. Lc 1,46-55) (MC 32).

Sobre a dimensão antropológica (cf. MC 34-37), acredito que nos deteremos um pouco mais, pois consideramos uma das contribuições mais presentes nos discursos atuais, principalmente entre as teólogas feministas. Compreendendo bem os aspectos socioculturais do tempo de Maria, evitando anacronismos e descobrindo as razões que fazem de Maria um modelo de ser humano, também para os homens e mulheres de hoje, e para pensarmos em uma Maria que pode ser encontrada na história da salvação e no evangelho, a proposta será de encontrá-la presente em cada mulher no cotidiano. Mais que cada mulher em seu cotidiano, seja ele qual for, encontre-se em Maria.

Ao olharmos para um modelo de Maria apresentada nos cultos marianos devocionais, que enaltecem Maria como a mulher branca, olhos claros, virgem e elevada aos céus por sua pureza, imagens presentes desde a Idade Média, confirmam a opressão de muitas mulheres que nunca conseguiriam imitá-la em sua virgindade maternal ou maternidade virginal. Será que realmente essa representação diz algo ao ser humano contemporâneo, mais especificamente para a mulher?

[...] ambiente doméstico, onde tanto as leis como a evolução dos costumes tendem justamente para lhe reconhe-

> cer a igualdade e a co-responsabilidade com o homem, na direção da vida familiar; [...] no campo político, onde ela conquistou, em muitos países, um poder de intervenção na coisa pública, a par do homem; [...] no campo social, onde ela desenvolve sua atividade, nos mais variados setores operativos, deixando cada dia mais o restrito ambiente do lar; [...] no campo cultural, onde lhe são proporcionadas possibilidades novas de pesquisa científica e de afirmação intelectual (MC 34).

Olhar a Maria do sim, submissa, colonizadora, em relação à mulher contemporânea, que participa dos espaços públicos, pode gerar certa dificuldade de tomar Maria de Nazaré como modelo, porque os horizontes de sua vida, resultam restritos, em confronto com as vastas zonas de atividade em que a pessoa humana é chamada a atuar. Torna-se necessário resgatar a mulher profetisa e autônoma, do sim com questionamento; para isso, Paulo VI estimula:

> [...] nas condições concretas da sua vida, ela aderiu total e responsavelmente à vontade de Deus (cf. Lc 1,38); porque soube acolher a sua palavra e pô-la em prática; porque a sua ação foi animada pela caridade e pelo espírito de serviço; e porque, em suma, ela foi a primeira e a mais perfeita discípula de Cristo, o que, naturalmente, tem um valor exemplar universal e permanente (cf. MC 35).

A partir dessas recomendações do papa Paulo VI, fica clara a proposta para imitá-la, porque ela aderiu responsavelmente à vontade de Deus (cf. Lc 1,38); porque soube acolher sua palavra e pô-la em prática; porque sua ação foi animada pela caridade e pelo espírito de serviço; e porque, em suma, ela foi a primeira e a mais perfeita discípula de Cristo, o que, naturalmente, tem um valor exemplar universal e permanente. Não exatamente pelas atitudes de Maria em relação a sua época cultural e seu contexto, embora percebamos uma mulher muito avançada para seu tempo. Maria foi a "Mulher que conheceu de perto a pobreza e o sofrimento, a fuga e o exílio. [...] fez escolhas corajosas e trabalhou para fortalecer a fé dos outros" (JOHNSON, 2006, p. 172). A análise mariológica feminista não apenas desafia noções tradicionais sobre submissão, pureza e maternidade, associadas a Maria, mas também busca resgatar aspectos mais revolucionários de sua figura. Ela é vista como uma mulher corajosa, que desafiou as normas sociais, ao aceitar ser mãe solteira, uma refugiada, que buscou proteção em um país estrangeiro (Egito), e uma discípula fiel, cuja voz foi marginalizada pela tradição. Uma mulher que aceita ser mãe, sem ter marido, ainda que poderia ter sido apedrejada, não é corajosa? Segundo Koehler,

> a característica antropológica requer uma renovação da imagem de Maria proposta ao mundo moderno. Convém fazer ver em Maria o modelo da pessoa humana, da mulher responsável, em conformidade com a realidade bíblica (Anunciação, Magnificat, Caná, Calvário) e levando em conta as exigências atuais do fenômeno da libertação da mulher e do reconhecimento de seus direitos na sociedade moderna (p. 574, 1995).

Para que a Virgem de Nazaré corresponda às expectativas contemporâneas e haja identificação com ela, torna-se necessário:

> Confrontar suas concepções antropológicas e os problemas que daí derivam com a figura da Virgem Maria, conforme ela está proposta no Evangelho. [...]. a mulher contemporânea, desejosa de participar com poder de decisão nas opções da comunidade, contemplará com íntima alegria a Virgem Santíssima, que, assumida para o diálogo com Deus, dá seu consentimento ativo e responsável (LG 56) [...]verificará, com grata surpresa, que Maria de Nazaré, apesar de absolutamente abandonada à vontade do Senhor, longe de ser uma mulher passivamente submissa ou de uma religiosidade alienante, foi, sim, uma mulher que não duvidou em armar que Deus é vingador dos humildes e dos oprimidos e derruba de seus tronos os poderosos do mundo (cf. Lc 1,51-53); e reconhecerá em Maria, que é "a primeira entre os humildes e os pobres do Senhor" (LG 55), uma mulher forte, que conheceu de perto a pobreza e o sofrimento, a fuga e o exílio (cf. Mt 2,13-23), situações, estas, que não podem escapar à atenção de quem quiser secundar, com Espírito evangélico, as energias libertadoras do homem e da sociedade (MC 37).

Diante dessas recomendações, Johnson (p. 172, 2006) afirma: "somos inspirados por seu exemplo porque somos todos humanos juntos. Maria é 'da nossa estirpe', 'verdadeira filha de Eva', na verdade 'nossa verdadeira irmã, que compartilhou plenamente, mulher humilde e pobre como foi, nossa condição'" (MC 56). É a mulher que está entre o povo, que ajuda nas dores do parto, nas colheitas, mulher pobre do povo judeu, que vive sob a opressão romana.

A terceira e última parte da Exortação apostólica *Marialis Cultus, Indicações acerca dos Pios Exercícios do "Angelus Domini" ("Ave-Marias") e do santo Rosário,* apenas deseja pedir que as recitações acima continuem presentes na vida das pessoas, e que essas práticas sejam restauradas de maneira sábia, com genuína inspiração religiosa e sensibilidade pastoral. Destaca-se aqui, diríamos, um convite à recitação do *Angelus Domini*, mesmo difícil em tempos modernos:

> Tal exercício de piedade não tem necessidade de ser restaurado: a estrutura simples, o caráter bíblico, a origem histórica que a liga à invocação da incolumidade na paz, o ritmo quase litúrgico que santifica momentos diversos do dia, a abertura para o Mistério Pascal, em virtude da qual, ao mesmo tempo que comemoramos a Encarnação do Filho de Deus, pedimos para ser conduzidos, "por sua paixão e morte na Cruz, a glória da ressurreição" (MC 41).

Em relação ao santo Rosário, mais de uma vez, além de recomendarem sua recitação e favorecerem sua difusão, "ilustraram sua natureza, reconheceram-lhe aptidão para desenvolver uma oração contemplativa, de louvor e simultaneamente de súplica, recordaram sua conatural eficácia para promover a vida cristã e o empenho apostólico" (MC 42). O destaque para esta oração encontra-se na inspiração evangélica: "no suceder-se das Ave-Marias, um mistério fundamental, a Encarnação do Verbo, contemplado no momento da Anunciação feita a Maria. O Rosário [...] é uma oração evangélica, hoje em dia, talvez mais do que no passado" (MC 44). Encontramos também, na tríplice divisão dos mistérios do Rosário, "a maneira perfeita com a ordem cronológica dos fatos, [...] o esquema do primitivo anúncio da fé evoca o mistério de Cristo: despojamento, morte e exaltação" (cf. 2,6-11) (MC 45).

Sendo assim, encontramos, nessa oração evangélica, centrada no mistério da encarnação, orientação profundamente cristológica. Ao realizarmos esta oração de repetição, meditando os mistérios do Rosário, tornam "familiares à mente e ao coração dos fiéis os mistérios de Cristo, pode constituir uma ótima preparação, e vir a ser, depois, um eco prolongado da celebração dos mesmos mistérios nos atos litúrgicos" (MC 48). A Exortação apostólica finaliza confirmando o valor teológico do culto à Santíssima Virgem e sua eficácia pastoral para a renovação dos costumes cristãos.

A clareza encontrada na orientação da Exortação afirma que:

> Cristo é o único caminho para o Pai (cf. Jo 14, 4-11). Cristo é o modelo supremo, ao qual o discípulo deve conformar o próprio comportamento (cf. Jo 13,15), até chegar ao ponto de ter em si seus mesmos sentimentos (cf. Fl 2,5), viver de sua vida e possuir seu Espírito (cf. Gl 2,20; Rm 8,10-11): foi isto o que a Igreja ensinou em todos os tempos e nada, na atividade pastoral, deve ensombrar jamais esta doutrina (MC 57).

Diante dessa leitura sobre a *Marialis Cultus*, encontramos atualizado o ensinamento de Paulo VI, no seguimento a Cristo, em que todas as pessoas são chamadas a configurar-se a Ele, no culto mariano. Maria é mãe que nos conduz ao Cristo, como pediu nas Bodas de Caná: "Fazei o que Ele vos disser" (Jo 2,5). Maria foi situada em uma concretude histórica, humana; suas atitudes e as palavras que os autores bíblicos colocam em sua boca manifestam temas e situações bastante caros à **Sagrada Escritura**, como um todo, ajudando-nos a compreender nossa própria realidade existencial, pela ótica do mistério de Deus.

Cada uma dessas orientações, trinitária, bíblica, cristológica e antropológica, confirma a dimensão eclesiológica do culto mariano. O retorno às fontes, a oração litúrgica com o viés trinitário, dimensão que se situa diante dos problemas atuais da Igreja, principalmente ecumênicos e antropológicos, ambos definem a dimensão eclesiológica do culto mariano. E ainda a MC insiste em uma das formas mais típicas e tradicionais da piedade mariana, o *Angelus e o Rosário,* que confirmam a forma comunitária e familiar de viver a pequena igreja doméstica.

4. Papa Francisco e a atualização da *Marialis Cultus*

Antes de relacionar a MC aos escritos do pontífice Francisco, trazemos aqui uma importante dimensão que o papa Paulo VI trouxe em sua exortação: o culto mariano nasce na dimensão eclesiológica, para situar Maria, a partir do papa Francisco, também nesse horizonte eclesiológico. Maria é a mestra da piedade para cada um dos cristãos que, ao dirigirem a ela os exercícios de sua devoção, os dirigem por seu intermédio a Cristo, com a própria voz da Igreja e segundo seu ensinamento. Em relação à característica trinitária, cristológica e eclesiológica, do culto mariano, assume aqui seu máximo valor teológico, integrando o culto litúrgico ao âmbito da oração oficial que a Igreja dirige ao Pai, mediante o Filho, no Espírito Santo. Nesse percurso, a exortação orienta o futuro da devoção mariana.

Segundo Koehler, parte da renovação litúrgica decidida pelo Concílio Vaticano II para, então, explicar o lugar de Maria no ciclo geral do ano e o sentido das festas propriamente marianas (p. 574, 1995). Especifica também as características que deve ter uma devoção própria para nosso tempo. Doutrinalmente, o mistério de Maria deve ser compreendido como mistério trinitário, cristológico, eclesial e pneumatológico. [...] "propostas para 'tornar mais vivo e mais inteligível o vínculo que nos une à mãe de Cristo e mãe nossa, na comunhão dos santos" (MC 29) (Th Koehler, p. 574, 1995).

Ao atualizar o contexto histórico, após os 50 anos da escrita dessa Exortação, assegura-se que muitas coisas mudaram. Os tempos são outros, mas serão os desafios tão diferentes? Atualmente, o mundo encontra-se diante dos avanços biotecnocientíficos; o ser humano está se tornando um ser híbrido, está nascendo uma nova humanidade. As Inteligências Artificiais, com seus algoritmos, determinam, muitas vezes, nossas escolhas. Continuamos em meio a guerras, sejam elas por poder, pela religião, pelo combate à injustiça. Continuamos em meio a crises econômicas, ambientais, ao desemprego. Encontramo-nos na era dos selfs, do aparecer para ser, "selfio", logo existo. Tempos de globalizações, fake news, sociedade do cansaço.

Diante da atual realidade, dos desafios da época, arriscamos traçar um paralelo entre alguns escritos do papa Francisco sobre Maria e a *Marialis Cultus*. O pontífice, desde o início de seu pontificado, convida-nos para sair de nossos lugares (fechados) para irmos para o mundo, sermos uma Igreja em saída, que vai ao encontro do outro(a). Temos aqui uma eclesiologia de saída, atitude em continuidade com o Concílio Vaticano II, ainda não vivido nem experimentado pela maioria de nós. Assim verificamos que a preocupação naquele momento do CVII era o *aggiornamento*, um movimento novo que renova a Igreja, o povo de Deus. O Pontificado do papa Francisco nos convida, a partir da Exortação Apostólica *Evangelii Gaudium,* escrita em 2013, a vivermos uma Igreja em saída, renovar para construir pontes e não muros, propõe a passagem de uma Igreja voltada para si para uma Igreja em "saída" (20-24). A renovação acontece a partir do coração do evangelho (34-39). O pontífice deseja colocar toda a Igreja no núcleo da proposta do documento de Aparecida (DA), a qual indica recomeçar a partir de Jesus Cristo (DA, 12; 41; 549).

Na Exortação Apostólica *Evangelii Gaudium (EG)*, papa Francisco confiou o caminho da Igreja à materna intercessão de Maria, lembrando a todos os crentes que:

> Existe um estilo mariano na atividade evangelizadora da igreja, porque todas as vezes que olhamos para Maria voltamos a acreditar na força revolucionária da ternura e do afeto. Nela vemos que a humildade e a ternura não são virtudes dos fracos, mas dos fortes, esta dinâmica de

> justiça e ternura, de contemplação e caminho em direção aos outros, [...] é o que faz dela um modelo eclesial para a evangelização (EG 288).

Papa Francisco escreveu uma mensagem à XXIV Sessão Pública das Pontifícias Academias, por ocasião da entrega dos prêmios ligados ao tema mariano do ano de 2019[4]. Ao falar sobre a *Pontifícia Academia Mariana Internationalis,* afirma que "Esta Academia é assim caracterizada como um lugar semelhante à 'Casa de Maria', onde Jesus cresceu em 'estatura, sabedoria e graça' (Lc 2, 46), e onde a Virgem, como mãe acolhedora e esposa carinhosa, ensina a ser um cenáculo vivo". O tema escolhido para esta Sessão Pública, *Maria, caminho de paz entre as culturas*, resume idealmente o caminho destes cinquenta anos: "a experiência dramática das duas guerras mundiais levou Pio XII a mostrar, no sinal da Assunção, um farol de paz para a humanidade inquieta e assustada. O Concílio Vaticano II, portanto, indicou na Mãe do Senhor o modelo de uma Igreja 'mestra em humanidade', para servir as aspirações mais profundas do coração humano". Ao recordar Paulo VI, papa Francisco comenta que "sua ligação com a Santa Virgem e o povo dos que creem ressoa alto, claro, consciente e apaixonado". E cita a exortação apostólica *Marialis Cultus* como exemplo! O Papa orientou os presentes a não se cansarem de aprender com Maria, de admirar e contemplar sua beleza e deixarem-se guiar por ela, que conduz os homens sempre à fonte originá-

[4] https://www.vatican.va/content/francesco/pt/messages/pont-messages/2019/documents/papa-francesco_20191204_messaggio-pontificie-accademie.html

ria e à plenitude da autêntica e infinita beleza de Deus, que se revelou em Cristo, Filho do Pai e Filho de Maria.

Outro documento de Francisco para trazermos aqui, em que observamos uma continuidade com a MC, é a Exortação Apostólica *Gaudete et Exsultate (GE)*, escrito em 2018. Papa Francisco convida a alegrar e exultar para fazer ressoar mais uma vez o chamado à santidade a todas as pessoas. A exortação explica que ser santo é seguir as bem-aventuranças. Encontramos aqui uma lógica surpreendente sobre as bem-aventuranças, arriscamos dizer, uma Maria-lógica surpreendente no n. 176:

> Desejo coroar estas reflexões com a figura de Maria, porque Ela viveu como ninguém as bem-aventuranças de Jesus. É aquela que estremecia de júbilo na presença de Deus, aquela que conservava tudo em seu coração e se deixou atravessar pela espada. É a mais abençoada dos santos entre os santos, aquela que nos mostra o caminho da santidade e nos acompanha. E, quando caímos não aceita deixar-nos por terra e, às vezes, leva-nos nos seus braços, sem nos julgar. Conversar com ela consola-nos, liberta-nos, santifica-nos. A mãe não necessita de muitas palavras, nao precisa que nos esforcemos demais para lhe explicar o que se passa conosco. É suficiente sussurrar uma vez e outra: "Ave, Maria...".

Na *Gaudete et Exsultate*, encontramos uma mariologia concreta, factível, em que o discípulo de Jesus, a exemplo de Maria, é aquele que segue as bem-aventuranças. A santidade de Maria aparece apoiada no fundamento bíblico, em Lucas, quando Isabel a reconhece como a mãe do Messias: "Mulher bendita entre todas és tu, ó Maria; e bendito é o fruto de teu ventre! Bem-aventurada aquela que acreditou que se cumpriria o que lhe foi dito da parte do Senhor" (Lc 1, 42-45). Maria é a mulher da alegria (GE 1) e do discernimento (GE 174).

Papa Francisco, em 2024, na oração do *Angelus*, afirmou que Maria nos precede no caminho e recordou como é bonita a passagem de Lucas: "'Maria pôs-se a caminho e foi' (cf Lc 1,39). Isso significa que Maria não considerou um privilégio a notícia que recebeu do Anjo, mas, ao contrário, saiu de casa e se pôs a caminho com pressa'". Ela vai a nossa frente.

Para além do papa Francisco, na teologia atual, considerando o valor e a atualidade da Virgem Maria, sendo resgatados por meio da dimensão bíblica do culto, há discussões crescentes que desejam resgatar um viés mais histórico de Maria de Nazaré. Margareth Hebblethwaite, jornalista e escritora feminista, afirma que pensadores, como Raymond Brown e seus colegas, no livro *Maria no Novo Testamento*, viram Maria como um símbolo de discipulado, Hans Urs von Balthasar e João Paulo II enxergaram um símbolo da mulher ideal, outros, como símbolo da Igreja, como Hugo Rahner e o Vaticano II, e, ainda, símbolo do rosto materno de Deus, como Carl Jung, Edward Schillebeeckx e Leonardo Boff[5].

Nesse sentido, Elizabeth Johnson, uma feminista católica, descreve sua opinião:

---

[5] HEBBLETHWAITE, Margareth. Maria de Nazaré nas teologias feministas. Outros olhares. https://www.ihu.unisinos.br/categorias/617199-maria-de-nazare-nas-teologias-feministas-outros-olhares-artigo--de-margaret-hebblethwaite

> Não faz nenhum sentido teológico usar Maria para encobrir noções defeituosas de Deus, Cristo ou do Espírito. Que Deus tenha seu próprio rosto maternal. Que Miriam, a mulher galileia, junte-se à comunidade de discípulos. Minha opinião agora é que, para ser fiel a essa mulher que realmente viveu há cerca de dois mil anos, e honrá-la de maneira libertadora, qualquer coisa que dissermos deve estar intimamente ligada a sua realidade histórica em todos os pontos. Maria não é um modelo, um tipo, um arquétipo, um protótipo, um ícone, uma figura representativa, uma ideia teológica, uma essência feminina, a imagem do eterno feminino, uma discípula ideal, uma mulher ideal ou de qualquer outra forma um símbolo religioso. Pelo contrário, como todo ser humano, como toda mulher, ela é acima de tudo ela mesma. Maria foi um ser humano histórico, uma de nós (p. 55-56, 2006).

Contemplar Maria como a mulher do cotidiano de Nazaré, que clama justiça por seu povo, sai às pressas para visitar sua prima, acolhe a vontade de Deus e permanece fiel é o resgate atual que a Exortação *Marialis Cultus* propõe e está em conformidade com a proposta do papa Francisco, mesmo ele não tendo escrito nenhuma exortação diretamente a Maria, mas a incluiu em todos os seus documentos.

Considerações finais

Voltamos nosso olhar para a pergunta inicial: como ler a Exortação Apostólica *Marialis Cultus* como um documento que encoraja a pessoa a se configurar a Cristo e viver os ensinamentos e missão dos apóstolos, a partir do culto mariano, na atualidade? Após esse longo estudo, confirmamos a atualidade e a possibilidade de ser encorajado pela Exortação Apostólica *Marialis Cultus*. Ela evidencia elementos teológicos-espirituais do culto e da devoção mariana para os tempos atuais. Apresenta que o mistério de Maria deve ser compreendido como mistério trinitário, cristológico, pneumatológico e eclesial. Em relação ao culto mariano, ele deve seguir quatro orientações: bíblica, litúrgica, ecumênica e antropológica; para sair de um devocionismo desencarnado e resgatar uma devoção viva, inteligível, que nos una à mãe de Cristo e a nossa mãe; "encarnando" Maria em nossa realidade concreta, tendo-a como referência na busca pela vontade de Deus.

Antropologicamente, encontramos Maria presente no mundo contemporâneo como referencial de amor e discípula fiel. Resgata-se a humanidade de Maria como profetisa, abordando as grandes questões do feminino de maneira que ressoe na vida.

A liturgia apresenta a Virgem Maria de maneira que nos conduz a Cristo e contribui para viver cada vez melhor nosso cotidiano, seguindo seus ensinamentos. Isso tudo está em conformidade com a realidade bíblica e leva em conta as exigências do fenômeno da libertação da mulher e do reconhecimento de seus direitos na sociedade contemporânea.

A dimensão ecumênica orienta, assim como Maria, a manter os mesmos sentimentos de unidade de todos os cristãos, tendo Cristo como único mediador. A MC proporcionou ainda o reconhecimento do lugar de Maria na liturgia, inserindo-a na celebração da obra salvífica de Deus, o mistério de Cristo, onde aparece sempre associada ao Filho.

Maria tem lugar no culto mariano como "alma cooperadora do redentor", algo que a Igreja sempre atribuiu a Maria e a considera como a presença viva do Espírito. Nesse contexto, a liturgia é vista como a expressão máxima dessa tradição viva.

Diante dessa atualização e devoção, encerramos nossa modesta reflexão com um trecho da obra de Ariano Suassuna, em o *Auto da Compadecida*. Apresentamos o diálogo entre João Grilo, Nossa Senhora e Manuel, no qual o astuto João Grilo, ao se ver à beira da condenação e irremediavelmente nas mãos do Diabo, recorre àquela que não falha, confiante de que a compaixão de Nossa Senhora não o abandonará. Este pequeno trecho demonstra o olhar do povo sobre Maria:

> – JOÃO GRILO: É, a senhora eu acredito que entendesse, mas aquele sujeito ali, com muito menos do que isso, faz uma confusão.
>
> – A COMPADECIDA: Está bem, vou ver o que posso fazer.
>
> – JOÃO GRILO, ao Encourado: Está vendo? Isso aí é gente e gente boa, não é filha de chocadeira não! Gente como eu, pobre, filha de Joaquim e de Ana, casada com um carpinteiro, tudo gente boa.
>
> – MANUEL: E eu, João? Estou esquecido nesse meio?
>
> – JOÃO GRILO: Não é o que eu digo, Senhor? A distância entre nós e o Senhor é muito grande. Não é por nada não, mas sua mãe é gente como eu, só que gente muito boa, enquanto que eu não valho nada. (Ocorrendo-lhe a brincadeira.) Mas com toda desgraça, acho que sou menos ruim do que o sacristão.

– A COMPADECIDA: Intercedo por esses pobres que não têm ninguém por eles, meu filho. Não os condene.

– MANUEL: Que é que eu posso fazer? Esse aí era um bispo avarento, simoníaco, político...

– A COMPADECIDA: Mas isso é a única coisa que se pode dizer contra ele. E era trabalhador, cumpria suas obrigações nessa parte. Era de nosso lado e quem não é contra nós é por nós.

– MANUEL: O padre e o sacristão... [Gesto de desânimo].

– A COMPADECIDA É verdade que não eram dos melhores, mas você precisa levar em conta a língua do mundo e o modo de acusar do diabo. O bispo trabalhava e por isso era chamado de político e de mero administrador. Já com esses dois a acusação é pelo outro lado. É verdade que eles praticaram atos vergonhosos, mas é preciso levar em conta a pobre e triste condição do homem. A carne implica todas essas coisas turvas e mesquinhas. Quase tudo o que eles faziam era por medo. Eu conheço isso, porque convivi com os homens: começam com medo, coitados, e terminam por fazer o que não presta, quase sem querer. É medo.

– ENCOURADO: Medo? Medo de quê?

– BISPO: Ah, senhor, de muitas coisas. Medo da morte...

– PADRE: Medo do sofrimento...

– SACRISTÃO: Medo da fome...

– PADEIRO: Medo da solidão. Perdoei minha mulher na hora da morte, porque a amava e porque sempre tive um medo terrível da solidão.

– MANUEL: E é a mim que vocês vêm dizer isso, a mim que morri abandonado até por meu pai!

– A COMPADECIDA: Era preciso e eu estava a seu lado. Mas não se esqueça da noite no jardim, do medo por que você teve de passar, pobre homem, feito de carne e de sangue, como qualquer outro e, como qualquer outro também, abandonado diante da morte e do sofrimento.

– JOÃO GRILO: Ouvi dizer que até suar sangue o senhor suou.

– MANUEL: É verdade, João, mas você não sabe do que está falando. Só eu sei o que passei naquela noite.

– A COMPADECIDA: Seja então compassivo com quem é fraco.

– MANUEL: Mas esses dois? Você mesma via daqui e comentava o que eles faziam com João Grilo e os outros empregados na padaria!

– JOÃO GRILO: Se é por mim, não há dificuldade, porque eu sou tão sem-vergonha, que já me esqueci de tudinho.

– MANUEL: Devia ter esquecido lá, João. Pode alegar alguma coisa em favor deles?

– A COMPADECIDA: O perdão que o marido deu à mulher na hora da morte, abraçando-se com ela para morrerem juntos.

– MANUEL: Isso pode se dizer em favor dele. Mas ela?

– ENCOURADO: Enganava o marido com todo mundo.

– MULHER: Porque era maltratada por ele. Logo no começo de nosso casamento, começou a me enganar. A senhora não sabe o que eu passei, porque nunca foi moça pobre casada com homem rico, como eu. Amor com amor se paga.

– A COMPADECIDA: Eu entendo tudo isso mais do que você pensa. Sei o que as mulheres passam no mundo, se bem que não tenha do que me queixar, porque meu marido era o que se pode chamar um santo.

Referências

BOFF, C. *Introdução à mariologia*. Petrópolis: Vozes, 2012.

BOFF. C. *Mariologia social:* o significado da Virgem para a sociedade. São Paulo: Paulus 2006.

BOFF, Leonardo. *O rosto materno de Deus*. Vozes, Petrópolis 1979.

DE FIORES, S. e MEO, S. *Dicionário de mariologia*. S. Paulo: Paulus, 1995.
BOFF, Lina. *Mariologia*. Interpelações para a vida e para a fé. Petrópolis: Vozes, 2007.
CONCÍLIO VATICANO II. Constituição Dogmática *Lumen Gentium*. Cap. VIII. A bem-aventurada Virgem Maria Mãe de Deus no mistério de Cristo e da Igreja. In: Compêndio do Vaticano II. São Paulo: Paulinas, 2000.
JOHNSON, Elizabeth A. *Nossa verdadeira irmã*. Teologia de Maria na comunhão dos santos. São Paulo: Loyola, 2006.
HEBBLETHWAITE, Margaret. Maria de Nazaré nas teologias feministas. Outros olhares. Disponível em: https://www.ihu.unisinos.br/categorias/617199-maria-de-nazare-nas-teologias-feministas-outros-olhares-artigo-de-margaret-hebblethwaite
KLEIN, Carlos Jeremias. *Maria na teologia e na história da Igreja*. São Paulo: Fonte Editorial, 2012.
LACOSTE, Jean-Yves. *Dicionário crítico de Teologia*. São Paulo: Loyola, Paulinas. 2004.
LAROUSSE. *Dicionário Enciclopédico Ilustrado*. São Paulo: Larousse do Brasil. 2007.
MURAD, A. *Quem é esta mulher?*: Maria na Bíblia. São Paulo: Paulinas, 1996.
PAPA PAULO VI. *Marialis Cultus*. In: SAMPEL, Edson, L. (ORG). Principais documentos dos papas sobre Nossa Senhora. Do beato Pio IX a Francisco. São Paulo: Fons Sapientiae, 2017.
PAPA FRANCISCO. *Gaudete et exsultate*.
PAPA FRANCISCO. *Evangelii Gaudium*.

SESBOUÉ, B. *A Virgem Maria História dos dogmas*. Os sinais da salvação t. 3., p. 465-514; São Paulo: Loyola, 2005.
SUASSUNA, Ariano. Auto da compadecida. Disponível em: https://edisciplinas.usp.br/pluginfile.php/5419645/mod_resource/content/1/Auto%20da%20Compadecida.pdf
VELASCO, J. IN: DE FIORES, S. e MEO, S. *Dicionário de mariologia*. São Paulo: Paulus, 1995, p. 406.

4
Duas aparições e uma mensagem: histórias conectadas entre as narrativas de Nossa Senhora das Graças (Brasil) e Fátima (Portugal)

Carlos André Silva de Moura[1]

As abordagens socioculturais utilizadas para a construção das narrativas sobre os eventos marianos possibilitam a elaboração de uma história transnacional, que demonstra as conexões entre eventos em espaços distintos, como nos Continentes Europeu e Americano. No Brasil, os relatos estão centrados nas histórias sobre a Irmã Amália de Jesus (1930), em São Paulo, Maria da Luz Teixeira de Carvalho e Maria da Conceição

[1] Professor Associado / Livre-docente da Universidade de Pernambuco (UPE). Docente dos cursos de graduação e pós-graduação em História da UPE. Bolsista Produtividade em Pesquisa do CNPq. Email: carlos.andre@upe.br

Silva (1936), em Pernambuco, Maria Milza (1955)[2] e Pedro Régis (1987), na Bahia, e Eduardo Júnior (1988), no Paraná. Entendemos que as representações desses eventos são "[...] uma elaboração das relações pessoais, sociais e políticas que se expressavam na conflitualidade das reconstruções"[3].

Os eventos construídos na cidade de Pesqueira, Agreste do Estado de Pernambuco, a partir de agosto de 1936, colaboraram para compreender a formação das devoções católicas no Estado. As supostas aparições foram utilizadas para a valorização do catolicismo, o combate ao protestantismo e o fortalecimento das novas circunscrições eclesiásticas. No entanto, as narrativas ainda são pouco debatidas pela hierarquia eclesiástica no Brasil. Em documento sobre as aparições e revelações particulares, publicado pela Conferência Nacional dos Bispos do Brasil (CNBB), não se fez referência aos eventos em Pernambuco, com relatos apenas de notícias a partir de 1960[4].

As supostas aparições em Pernambuco aconteceram na região do Guarda, em terras pertencentes ao povo

---

[2] Os eventos não são considerados aparições por membros da Igreja Católica, mas denominados como locução interior, uma revelação privada ouvida e/ou recebida internamente pelos personagens envolvidos. Verde, Gabriel Vila. *Maria Milza*. Milagres e mistérios no sertão da Bahia. Rio de Janeiro: Albatroz, 2016.

[3] "[...] la storia dei "fatti" dell'apparizione era in realtà una elaborazione delle relazioni personali, sociali e politiche che si esprimeva nella conflittualità delle ricostruzioni" [Tradução livre]. Apolito, Paolo. **"Dice che hanno visto la Madonna"**. Un caso di apparizioni in Campania. Bologna: Il Mulino, 1990. p. 12.

[4] Conferência Nacional dos Bispos do Brasil. *Aparições e Revelações Particulares*. Subsídios Doutrinais. Brasília: Edições CNBB, 2009. p. 27-28.

Xukuru do Ororubá, por este motivo denominado como Aldeia Guarda[5]. Segundo as narrativas, a partir de 6 de agosto de 1936, após realizar suas atividades diárias, Maria da Luz Teixeira de Carvalho e Maria da Conceição Silva, 13 e 16 anos respectivamente, relataram ter visto e conversado com uma representação de Maria que se identificou como Nossa Senhora das Graças.

Durante os anos de 1930, mesmo com o processo de industrialização da cidade de Pesqueira, a região de Cimbres era um lugar sem a distribuição de recursos, com recorrentes secas e as investidas de grupos armados, como os cangaceiros, que provocavam apreensões entre os locais. O medo das investidas dos grupos estava diretamente ligado às ações realizadas entre os meses de maio e agosto de 1936, com notícias de que um dos mais conhecidos bandos tinha adentrado o Sertão através do Estado da Paraíba[6]. As informações sobre os crimes e as formas de violência na região eram temas das rodas de conversas e uma realidade do cotidiano entre as crianças, que não estavam distantes dos principais assuntos dos trabalhadores, da família e dos espaços de sociabilidade.

O período também foi marcado pelas notícias do surto de febre *tifo,* febre amarela e gripe, que atingiu

---

[5] Em várias documentações encontramos a denominação de Sítio Guarda ou Aldeia Guarda. Durante a narrativa, utilizaremos as duas nomenclaturas a partir da temporalidade dos eventos. As demarcações não são nossas problemáticas de pesquisa, mas podem ser consultadas em diferentes trabalhos. Cf. Fialho, Vânia; Neves, Rita de Cássia Maria Neves; Figueiroa, Mariana Carneiro Leão (Org.). *Plantaram Xicão:* os Xukuru do Ororubá e a criminalização do direito ao território. Manaus: UEA, 2011.

[6] Lampeão em território pernambucano? *Jornal Pequeno,* Recife, 22 maio 1936. p. 03; "Lampeão" está em território pernambucano. *Diário de Pernambuco,* Recife, 22 out. 1936. p. 1.

parte da população, com morte de pessoas de várias localidades e grupos sociais. As informações foram registradas na imprensa, com relatos de que:

> [...] recebemos de Pesqueira, onde, segundo registamos, há pouco tempo manifestou-se um violento surto epidêmico, diz que nesse município está grassando assustadoramente a febre amarela, verificando-se nesses últimos 15 dias, vários casos fataes, adeanta ainda a informação que na semana passada fallecera ali, victimado pelo mal amarílico, um seminarista de família distincta daquela cidade, os casos fataes teriam sido constatados pelo medico local [...][7].

A epidemia foi marcante para os diferentes setores da região, como os eclesiásticos que realizavam trabalhos na localidade. Na segunda metade da década de 1920, os surtos de febre tifo acarretaram a morte de moradores. Entres as vítimas, três religiosas do Colégio Santa Doroteia, que precisou encerrar as atividades, devido ao contágio de funcionários e discentes[8]. A questão apresentou incidência nas ações religiosas, com a mudança na rotina das atividades das famílias e nos espaços de culto, como as igrejas, os seminários, a realização das processões e a catequese.

Os problemas com a saúde pública na região de Pesqueira também foram registrados no livro de tombo da freguesia, onde consta que a epidemia vitimou "[...] 4 pessoas. Na egreja matriz começou também logo uma novena em honra de S. Sebastião. Poucos homens frequentavam. [...] Temos alguns inimigos filhos da Religião

[7] Febre Amarella em Pesqueira? *Diario da Manhã*, Recife, 5 mar. 1929. p. 3.

[8] Wilson, Luís. *Ararobá, Lendária e Eterna*. Notas para a História de Pesqueira. Pesqueira: Prefeitura Municipal de Pesqueira, 1980. p. 50.

catholica, elles são apenas catholicos de boca". As narrativas também demonstraram as discussões entre a política e a religião na cidade, com destaque que o pároco não viu no templo o Major Candido de Britto "[...] inimigo da Egreja e certamente o telegrafista Frederico Marquez. Um homem sem compostura moral é um Leonardo Bezerra Cavalcante. Elle é hostil a Egreja Catholica e membro da seita dos espiritas. Temos um outro homem que é ruim, José Chacon"[9]. Com a redação, conseguimos perceber que, além dos problemas sanitários, as referências aos atritos religiosos mostram que eram intensos na localidade, com indicações de nomes que poderiam colocar em risco os projetos do clero.

As notícias do *Diario da Manhã* demonstram como a população de diferentes cidades foi atingida, com relatos de vítimas entre os franciscanos e freiras, que mantinham um espaço escolar na cidade, modificando a organização cotidiana. Durante as análises, percebemos o receio entre os fiéis, que buscavam soluções para a questão sanitária. Segundo o periódico:

> Não é somente em Pesqueira, Garanhuns e Aguas Bellas, conforme registamos hontem, que paira a ameaça de graves surtos epidêmicos, chegando-nos informações de que também em Triumpho ha dias que se verificam vários casos de febre de maior caracter, tendo falecido hontem, ás 15 horas na sede do longínquo município sertanejo, a exma sra. D. Maria Lydia Maia, esposa do Sr. Marçal Maia e Filha do prefeito. Entre as pessoas doentes, cujo estado inspira cuidados, figuram o comerciante Aprigio Pereira, as senhorinhas Suely Rodrigues

[9] Diocese de Pesqueira. *Livro de Tombo da Freguesia de Santa Aguida de Pesqueira*, 13 mar. 1870. Doc. 19, mar. 1925.

> e Maria Lima, além de innumeras outras em Pesqueira. Já falleceram um franciscano do convento ali existente e duas outras pessoas[10].

As notícias colaboraram para que os anos de 1930 fossem marcados por um apego religioso, que buscava soluções para os problemas cotidianos da localidade. Com uma população essencialmente católica, as devoções a Maria se intensificaram, com notícias de visões, aparições e manifestações divinas em diferentes localidades[11]. Foram relatados eventos nas regiões de Alagoinha, Pedra e Jenipapinho, mas foram descartados por não atenderem às normas eclesiásticas, uma vez que eclesiásticos consideraram que atentaram contra os dogmas católicos, as leis da Igreja ou buscavam benefícios individuais, sem a legitimação da população ou validade da Igreja.

O *Jornal Pequeno* foi um dos primeiros veículos de comunicação que relataram os eventos das supostas aparições em Pesqueira. Em artigo publicado, no dia 2 de setembro de 1936, informou que a Vila de Cimbres foi tomada por uma multidão de fiéis, que estavam à procura do lugar onde duas meninas relataram ter "[...]

---

10 Em pleno paraizo Estacista. *Diario da Manhã*, Recife, 6 mar. 1929. p. 3.

11 O censo demográfico de 1940 informou que, em Pesqueira, existiam 52.762 católicos e 66 protestantes. As abordagens da pesquisa eram limitadas entre os católicos, protestantes, ortodoxos, israelitas, maometanos e budistas, sem considerar outras religiões. Cf. Brasil. Instituto Brasileira de Geografia e Estatística. *Recenseamento Geral do Brasil* (1º de setembro de 1940). Censos econômicos, agrícola, industrial, comercial e dos serviços. Quadros de totais referentes ao Estado e de Distribuição segundo os municípios. Série Regional. Parte IX – Pernambuco. Rio de Janeiro: Serviço Gráfico do Instituto Brasileiro de Geografia e Estatística, 1950. p. 62. Disponível em: https://biblioteca.ibge.gov.br/visualizacao/periodicos/65/cd_1940_p9_t1_pe.pdf

visto a imagem de Nossa Senhora. A noticia do milagroso acontecimento logo chegou aos ouvidos de todos os sertanejos, que cheios de fé e confiança no poder de Maria Santíssima, abandonaram as suas casas à procura do local onde tamanho phenomeno se havia operado"[12].

Periódico com um número considerável de colaboradores católicos, o jornal construiu informações que colaboraram com a legitimidade das narrativas, a formação de devoções e romarias para a localidade. Segundo Rafael Maria Francisco, as notícias foram compartilhadas rapidamente com a vizinhança e as cidades próximas. Em poucos dias, diferentes indivíduos "vieram para observar o lugar e, as duas meninas, indo ao monte diariamente, falavam e rezavam". Durante todas as tardes, "[...] ali se [...] cantava o Ofício de Nossa Senhora. [...] De todas as partes chegaram fiéis para no lugar [...] fazer seus pedidos a Nossa Senhora"[13].

Os dias que se seguiram foram marcados pela desconfiança dos familiares, silêncio das autoridades eclesiásticas e a tentativa do poder governamental de interromper as práticas religiosas. Devido às movimentações no local, após as primeiras visões, os relatos se tornaram caso de polícia, com o interrogatório do pai de Maria da Luz, Arthur Teixeira de Carvalho, deslocamento de destacamentos armados para a vigilância da região e controle das manifestações populares.

---

[12] Visão Confortadora! Duas creanças, perdidas na matta, viram Nossa Senhora. *Jornal Pequeno,* Recife, 2 set. 1936. p. 01-02.

[13] Silva, Rafael Maria Francisco da. *"Eu sou a Graça"*: as aparições de Nossa Senhora das Graças em Pernambuco – História e Teologia em confronto em busca da verdade. Campinas: Ecclesiae, 2016. p. 68.

No entanto, como podemos observar no fragmento da notícia, as informações sobre as aparições de Nossa Senhora das Graças foram acompanhadas por um processo de legitimação dos fiéis que buscavam conexões com diferentes representações do divino. Deve-se destacar que, desde as primeiras notícias, a relação do evento com as representações do cangaço como grupo violento foi uma constante entre as videntes. Ainda no *Jornal Pequeno*, foram apresentadas as narrativas que supostamente marcaram o dia 6 de agosto de 1936, com a inserção de questões cotidianas, relacionadas aos debates políticos e sociais. No periódico foi destacado:

> [...] que as meninas [...] filhas de paes pobres, residentes no povoado de Cimbres, perderam-se na floresta. Lourdes[14], menos corajosa que a irmã, logo começou a se preocupar com a situação em que se encontrava no ermo, e voltando-se para Maria disse:
>
> – Que seria de nós se aparecesse Lampeão?
>
> – E a irmãzinha respondeu
>
> – Nossa Senhora nos valeria...
>
> E como por encanto, uma grande pedra próxima do logar, transformou-se na belíssima visão da Virgem Santissima. As duas irmãs, confundidas ante aquelle maravilhoso espectaculo em transporte de uma doce alegria ajoelharam-se dando graças a Mãe do Céo.
>
> Nossa Senhora, então, falou às meninas:
>
> – Minhas filhas! Continuae firmes na pureza de nossos sentimentos e na pureza de vossa fé.

---

14 A reportagem nomeia as crianças como Lourdes e Maria, assim como são indicadas como irmãs. No entanto, os nomes das personagens são Maria da Luz Teixeira de Carvalho e sua amiga Maria da Conceição Silva. As personagens também não possuíam parentesco.

> A bençam de Deus confirmará a virtude de vossa virgindade. Por vós é que o mundo ainda merecer do Pae a bemaventurança de sua misericórdia. A virgem se servira assim da presença daquelas donzelas para dar um exemplo do que vale a fé e pureza de intenções. Surprehendidas com tão sublimes palavras, pronunciadas com uma ternura inexplicável que só aos santos é dada esse merecimento, as mocinhas se abalaram no seu natural espanto sem saber pronunciar uma palavra, quando nossa Senhora prosseguia:
>
> – Minhas filhas! Continue na pureza de nossa fé e segunda-feira as 8 horas, de novo, estarei aqui para vos confortar. E assim, desapareceu, de repente, aquella visão celeste que trouxe aos corações infantis [...] o conforto da palavra do ceu[15].

As narrativas referentes aos primeiros diálogos apresentaram conexões das manifestações em Pernambuco com outros eventos marianos da contemporaneidade, com mensagens sobre a manutenção da fé, da piedade, a solução dos problemas sociais e o anúncio de novas aparições. É possível compreender que a salvação apresentada no diálogo estava destinada unicamente a propostas católicas, com a necessidade dos fiéis seguirem as orientações da Igreja católica.

Alguns autores divergem sobre as narrativas relativas ao momento da primeira aparição, especialmente, em relação à presença do "menino Jesus". Ione Paiva enfatizou que os relatos dos envolvidos com o evento destacaram que, após a visão, iniciou uma chuva fina e relâmpago em direção ao monte. Naquele instante, Maria da Conceição teria se assustado por ter visto no

---

15 *Jornal Pequeno*, 2 set. 1936, p. 1-2.

alto da serra uma mulher com uma criança nos braços que fazia sinais com a mão[16].

Os diálogos apresentados pelas crianças e parte do clero colaboraram com ações voltadas para a recatolização, a expansão dos ensinamentos católicos e a organização de novas devoções, baseadas em projetos internacionais de reafirmação política da Igreja. Os eventos foram marcados pela elaboração de um processo de taumaturgia do espaço das aparições. Como evidenciado em Lourdes e Fátima, os instantes de devoções foram acompanhados por demonstrações da presença de Maria para outros personagens além das crianças. A reportagem do *Jornal Pequeno* é concluída com destaque de que:

> No meio daquela multidão surgia um sertanejo idoso, chefe de numerosa prole. Descrente embora do milagroso fenômeno conduzia uma filha enferma para que a Virgem a curasse. Sua esposa, piedosa e boa, sem perder a fé de velha mãe sertaneja, lembrou-se então de tocar com a mão da filha à lage milagrosa. De momento, para espanto geral daquela multidão, a mocinha dando um grito de satisfação, ajoelhou-se, beijando a pedra, ainda com a emoção que lhe produzia o milagre da cura. E o velho incrédulo, abismado com tamanho poder de bondade divina, ajoelhou-se chorando, dando graças à Virgem pelo grande milagre de saude de sua filha[17].

A cura de uma criança pode ser considerada a demonstração da presença mariana e a reafirmação de uma rede de eventos em torno das aparições, com base

[16] Paiva, Ione Maria Cavalcanti. *Aqui o céu encontra-se com a terra*. Recife: Editora do Autor, 1987. p. 27-28.
[17] Jornal Pequeno, 2 set. 1936. p. 1-2.

na configuração visionária e a construção de novas devoções para a Igreja católica. A ênfase dessa questão é importante, uma vez que, entre seus requisitos, existe a necessidade de se tornar um momento público[18].

As narrativas relativas à cura são abordadas, entre os devotos, como uma consequência de um pedido, diretamente ligada à fé, a representações divinas, aos beatos ou santos. Em diferentes lugares, essas manifestações estão vinculadas a promessas, e os espaços se tornam santuários populares, com o retorno dos fiéis aos ambientes sacralizados[19].

As narrativas dos milagres, como as curas, graças alcançadas, bênçãos aos devotos, ou as aparições, são elementos que colaboram com a sacralização e a proteção dos envolvidos nas narrativas. Os relatos também fizeram parte de um processo de comunicação, conexão e aproximação entre os fiéis e as representações divinas. Esses elementos são levados em consideração nos processos de construção de santidade, seja pelos devotos ou a Igreja católica[20].

O lugar das aparições foi registrado pela família de Maria da Luz, interpretado a partir das narrativas dos devotos e nos depoimentos apresentados nos periódicos.

---

18 Ratzinger, Joseph. *Comentário Teológico*. 26 jun. 2000. Disponível em: http://www.vatican.va/roman_curia/congregations/cfaith/documents/rc_con_cfaith_doc_20000626_message-fatima_po.html

19 Minayo, Maria Cecília de Souza. Representações da cura no catolicismo popular. In. Alves, Paulo Cesar; Minayo, Maria Cecília de Souza (Orgs). *Saúde e doença:* um olhar antropológico. Rio de Janeiro: FIOCRUZ, 1994. p. 68.

20 Reesink, Mísia Lins. Para uma antropologia do milagre: Nossa Senhora, seus devotos e o Regime de Milagre. *Caderno CRH*, Salvador, p. 267-280, vol. 18, n. 44, mai.-ago., 2005. p. 279. Disponível em: https://periodicos.ufba.br/index.php/crh/article/view/18527

Na imagem abaixo, é possível perceber uma pedra com marca clara, utilizada como uma das comprovações para o surgimento de Nossa Senhora das Graças e de milagres relatados por fiéis. Com isso, a localidade passou a ser representada como um espaço sagrado.

Legenda: Maria da Luz, Maria da Conceição e sua família, trabalhadores e amigos, no lugar da suposta primeira aparição
Fonte: Acervo do Arquivo da Diocese de Pesqueira.

Com a divulgação de notícias e a atuação de parte do clero, a Vila de Cimbres colaborou com a descentralização dos cultos católicos, com o protagonismo de lugares distantes das capitais, mas com a integração de uma rede de devoção. A imprensa pernambucana enfatizou que "a notícia que corre pelos sertões [...] levou [...] a Cimbres [...] para mais de três mil pessoas. [...] segundo informa o nosso correspondente [...] cada dia aumenta o número de romeiros, ansiosos de vêr a

Santa ou ouvir das meninas, que têm esse privilégio, palavras de conforto"[21].

Por determinação do bispo da Diocese de Pesqueira, Dom Adalberto Sobral (1934-1947), o seu secretário, padre José Kehrle (OSB) (1891-1978), e o Frei Estevam Roettger (OFM) (1877-1955) acompanharam os fatos com diferentes interrogatórios às crianças, com a elaboração de um parecer favorável sobre os eventos e o atestado de veracidade. Durante as análises, os eclesiásticos fizeram investigações das mais variadas formas, com interrogatórios e observações do que foi relatado pelas crianças. Entre suas estratégias, acompanharam as supostas aparições, com indagações que buscavam confrontar as informações das crianças e identificar alguma inverdade. Para isso, questionaram as videntes em latim e alemão, recebendo as respostas em português, mesmo que não fossem alfabetizadas ou tivessem conhecimento de outra língua.

Rafael Maria Francisco da Silva apresentou uma discussão sobre a construção das narrativas em torno dos personagens e das aparições, enfatizando o caráter milagroso e a construção de um discurso baseado na nacionalidade. Segundo o autor, "durante vinte seis dias, com Maria da Luz, ela [Maria da Conceição] foi protagonista das confidências e súplicas de Nossa Senhora a favor do Brasil e da conversão do povo. É ela que identifica os raios que saem das mãos da Virgem, símbolo das graças alcançadas"[22].

---

[21] "No Logar onde apparece a Santa está jorrando agua milagrosa. Segunda-feira estiveram em Cimbres mas de três mil pessôas." *Jornal Pequeno*, Recife, 15 set. 1936. p. 1.

[22] Silva, 2016, p. 23-24.

As propostas de construção de Cimbres como um espaço de devoção e a inserção do evento em uma rede visionária iniciaram nas primeiras semanas após os relatos das crianças. A afirmativa pode ser compreendida a partir das narrativas do Frei Estêvão Roettger, quando enfatizou aos que acompanham os eventos no "[...] Sítio Guarda no ano de 1936, há-de se convencer que foi "Nossa Senhora da Graça ou das Graças" que se manifestou e que na bondade de seu Coração maternal quer ajudar aos homens a se salvarem"[23].

Os discursos do religioso estavam atrelados às mensagens atribuídas a Nossa Senhora que, supostamente, foram traduzidas pelas crianças envolvidas no evento. As abordagens foram fundamentais para a organização de cultos na localidade, o fortalecimento dos trabalhos diocesanos, a organização de romarias e a manutenção da fé entre os católicos. No entanto, é importante perceber como as ideias do eclesiástico estavam conectadas com a proposta de salvação dos indivíduos, a partir de uma representação de Maria, construção que foi utilizada em outras aparições.

Segundo os religiosos que acompanharam os acontecimentos, as distinções entre as aparições em Cimbres e localidades próximas basearam-se na constatação de que as mensagens, as ações das videntes e de seus familiares não foram de encontro aos ensinamentos da Igreja. Todos os envolvidos respeitaram determinações da Cúria, não buscaram benefícios, colaboraram com a organização de instituições eclesiásticas, como a construção da capela,

[23] Roettger, Frei Estevão von. *Manuscrito*. Recife, 1947. S/p.

em 1938, e não atentaram contra a fé daqueles que se destinaram à cidade de Pesqueira[24]. A questão pode ser compreendida a partir da análise das peregrinações ao lugar que, para os fiéis, se constituíram como a "[...] procura de Deus, de respostas e de socorro para suas necessidades espirituais e materiais"[25].

As informações são reforçadas a partir da análise dos procedimentos adotados pela família de Maria da Luz. Por recomendação de membros da Igreja católica, os pais da criança encaminharam as duas videntes para avaliação médica e psicológica, e foi atestado o bom estado de saúde. Mesmo assim, outra comissão foi formada, com o objetivo de realizar uma nova investigação, com a participação do Monsenhor Urbano de Carvalho e do Monsenhor Elizeu Diniz, mas sem os procedimentos adotados pelos primeiros inquisidores.

Diante das discussões, da pressão de setores da sociedade e do receio de um reconhecimento imediato, Dom Alberto Accioli Sobral decidiu suspender os estudos sobre os eventos e ordenou que os diocesanos não falassem sobre o assunto. As orientações do eclesiástico provocaram um hiato nas informações, mas não impediram a realização das romarias e peregrinações, mesmo com o "isolamento" das videntes em lugares distintos. Sobre a negação dos eventos, o Frei Estevão Roettger destacou que:

---

[24] Cf. Lambertini, Prospero Lorenzo. *De Servorum Dei Beatificatione Et* Beatorum *Canonizatione. Venetiis: Excudebat Antonius Foglierini, 1852.*

[25] Quérette, Letícia Loreto. *Onde o céu encontra com a terra:* um estudo antropológico do Santuário de Nossa Senhora da Graça na Aldeia Guarda, em Cimbres (Pesqueira – PE). Dissertação (Mestrado em Antropologia). Programa de Pós-graduação em Antropologia, Universidade Federal de Pernambuco, Recife, 2006. p. 17.

> Se porém, mais de uma pessoa veio dizendo: – "Não, Nossa Senhora não pode se manifestar aqui no Brasil de uma maneira tão condescendente", devia-se responder: – "Meu amigo, lê primeiro e considera bem, o que, e como Nossa Senhora fez em La Sallete (1846), em Lourdes (1858) e em Fátima (1917) e em outros lugares!"[26]

As afirmativas inseriram os acontecimentos em Pesqueira na rede de aparições elaboradas a partir de 1858. As narrativas sobre os supostos acontecimentos reforçam que Nossa Senhora das Graças surgiu para crianças, pobres, não alfabetizadas, em um momento de crise, com anúncios para a manutenção da fé e o fortalecimento dos ensinamentos divinos. As aparições citadas pelo eclesiástico mantiveram aspectos que colaboram para visualizarmos um modelo transnacional para o culto mariano.

O Padre Júlio Maria Lombaerd (1878-1944), missionário belga de Nossa Senhora do Santíssimo Sacramento, realizou considerações no mesmo direcionamento do frei Estevão Roettger. Em publicação, em que discutiu sobre o fim do mundo, o religioso destacou que considerou as aparições de 1936 "[...] revestidas de todos os requisitos da veracidade, [...] Si ella se dignou mostrar-se um dia em Lourdes, La Salette, Pontmain, Pellevoisin, em França; em Fátima (Portugal) e [...] na Belgica, porque ella não se mostraria também no Brasil [...]"[27]. O fragmento da fonte demonstra como, entre os religiosos atuantes nos eventos, as conexões de inter-

---

26 Roettger, 1947.

27 Maria, Padre Júlio. *O fim do mundo está próximo?* Prophecias antigas e recentes. Rio de Janeiro: Livraria Boa Imprensa, 1940. p. 58.

nacionalização eram realizadas como uma forma de legitimação do discurso.

As considerações dos religiosos são reforçadas com as cartas escritas por Maria da Luz ao padre José Kehrle. As missivas se tornaram uma prática entre a vidente e seu confessor, especialmente quando os dois personagens saíram da cidade de Pesqueira. Nos documentos, encontramos diferentes relatos sobre os eventos que protagonizaram, a formação religiosa da vidente e a organização de atividades da Igreja.

Com as fontes, compreendemos as conexões da vidente com a representação mariana e os cuidados de repassar as mensagens para os fiéis ou os integrantes do clero. Em correspondência, do dia 1 de setembro de 1936, Maria da Luz escreveu que perguntou a Nossa Senhora se:

> [...] os padres estavam abensoados por Jesus Cristo ela disse que so estavam as pessoa so os dois padre que viram, então ela diz que rezasi muito. Ela manda dizer que o senhor não se esquesa da gruta déla que Jesus Cristo ficará abençoando. Então ela disse que é para fazer uma capela para butar outra engulha a ela. Ela disse que o senhor avize ou pessual no sermão que reze muito longe do comunismo. Ela disse que so ia imbora quando o padre marqueis. Padre José si o senhor quiser de que eu fasa pergunta a ela mande por escrito[28].

As informações demonstram a preocupação de uma das videntes de atender às mensagens e manter aproximação com as questões sociais que eram enfrentadas

[28] Maria da Luz. *Carta para o padre José Kehrle*. Guarda, 1 set. 1936.

pelos fiéis. Nota-se que assuntos como o cuidado com os religiosos, a manutenção das orações em favor do povo e a necessidade de seguir os ensinamentos católicos também estiveram em eventos como em Fátima.

As referências à gruta de água que, para muitos fiéis, foi utilizada como meio para alcançar os milagres, e a construção da capela dedicada a Nossa Senhora das Graças se constituíram como uma demarcação do catolicismo na localidade. Deve-se destacar que a região já mantinha uma forte devoção a Nossa Senhora das Montanhas, denominada como "Mãe Tamain", sendo uma das primeiras expressões marianas na localidade. A relação afetiva dos indígenas com devoções femininas contribuiu com ressignificações entre Tamain e Nossa Senhora das Graças[29].

Em 1922, Dom Pedro Roeser fez uma análise sobre as práticas religiosas em Pernambuco, a partir das "heranças culturais" dos negros, dos brancos e dos indígenas. Sobre a região de Pesqueira, o eclesiástico destacou a existência de uma dança "[...] chamada o *Toré,* a qual eles executam todos os annos, na villa, nas vésperas de S. João e de S. Pedro. [...] há quem faça

---

[29] Silva, Edson. "Nossa Mãe Tamain": religião, reelaboração cultural e resistência: o caso dos Xukuru do Ororubá (PE). In. Brandão, Sylvana (Org.). *História das Religiões no Brasil.* Recife: EDUFPE, 2002.; Silva, Edson. Cultos e Devoções Xukuru a Santos Católicos: história, reelaboração cultural e resistência indígena no Nordeste. *Fronteiras:* revista de História, Campo Grande, 7 (14), p. 37-48, jul./dez. 2003. Disponível em: https://ojs.ufgd.edu.br/index.php/FRONTEIRAS/article/viewFile/13480/6904.; Silva, Edson. Povo Xucuru do Ororubá: história a partir das memórias de "seu" Gercino. *Saeculum,* João Pessoa, n. 18, jun. 2008. Disponível em: https://periodicos.ufpb.br/index.php/srh/article/view/11398.

promessa para dansar o *Toré* em honra de N. Snra. das Montanhas, a quem têm eles muita devoção"[30].

As mensagens de Nossa Senhora foram trabalhadas para atender os requisitos estabelecidos pela Cúria romana, com a organização de um espaço devocional que contribuísse com os projetos do clero. Os relatos em Cimbres não apresentaram uma divisão narrativa entre a teologia e políticas, uma vez que essas discussões estavam em uma mesma construção, efetivadas a partir dos diálogos entre a representação religiosa e as videntes. Sendo assim, mantiveram críticas a pensamentos políticos específicos, como o comunismo e as ideias da esquerda, com utilidade para os projetos locais e nacionais[31].

O período das aparições foi marcado por diferentes debates no cenário político. Os eventos relacionados ao levante comunista de 1935 marcaram cidades de Pernambuco, do mesmo modo que a organização de núcleos da Ação Integralista Brasileira possibilitou a atuação de seus militantes em diversas localidades. Os atritos entre essas ideias estavam presentes nas mensagens marianas, certificadas a partir dos questionamentos em um dos interrogatórios, quando as crianças atuaram como tradutoras de Nossa Senhora. Na ocasião foi indagado se:

---

30 Roeser, D. Pedro. A religião dos índios e dos negros de Pernambuco. Crendices populares. *Revista do Instituto Archeologico, Historico e Geographico Pernambucano*, Recife, Vol. XXIV, n. 115 a 118, p. 189-209, 1922. p. 200-201.

31 Lira, Ana Lígia. *O Diário do Silêncio:* o alerta da Virgem Maria contra o comunismo no Brasil. Eclesiae, 2018. p. 11.

4 – É verdade que vêem 3 dias de escuro?

Jesus mandará se não fazeres penitencias forte. [...]

6 – Quaes serão os castigos?

Os castigos muitos lugares já estão vendo e são estes mesmo se assim continuarem.

7 – O communismo ainda virá ao Brazil?

Si não rezarem

8 – É conveniente de auxiliarmos o integralismo?

Si quizereis.

9 – Ou será futuramente o integralismo em ruina da egreja?

Filha não temas que nada virá mal para teu lado. [...]

28. Ainda continuará muito tempo a perseguição na Allemanha?

Si não rezarem e não fazerem penitencias.

29. Ainda se realizará o que a senhora me disse sobre o comunismo no Brazil?

Filhas o que pesso é que rezem que Jesus perdoará as penas cometidas; [...]

31. Ainda há de correr sangue? No Brasil?

Jesus diz que se não fizerem penitencias, correrá, muito.

32. Os castigos ainda virão no actual regimen?

Jesus pormete si assim continuarem[32].

Com o documento, observa-se que os debates não estavam destinados apenas a assuntos teológicos, mas abordavam pontos específicos sobre a política, como as "ameaças" comunistas, a aproximação de membros da Igreja católica com a Ação Integralista e os conflitos bélicos na Alemanha. A condenação ou a flexibilidade de movimentos específicos demonstram que os even-

[32] Diocese de Pesqueira. *Ultimas apparições em Genipapinho,* 22 dez. 1937.

tos em Pesqueira foram utilizados para legitimar um discurso político.

Enquanto as narrativas em Fátima foram caracterizadas de modo teológico e político, com o segundo momento marcado por uma defesa autoritária e a condenação ao comunismo, os discursos em Cimbres foram gerados com aspectos que atenderam às especificidades locais. As propostas de valorização do catolicismo dividiram espaço com as críticas ao comunismo e a defesa do "Deus, Pátria e Família". As práticas e representações em torno das aparições de 1936 foram utilizadas para sanar problemáticas vivenciadas no Brasil, mas com construções discursivas próximas às mensagens do evento português, uma vez que, em Pernambuco, as narrativas foram construídas a partir de um contexto messiânico[33].

A região em torno de Pesqueira foi marcada pela atuação dos membros da Ação Integralista Brasileira, com eventos de divulgação de suas ideias entre políticos, intelectuais, religiosos e parte da população. O jornal *Avante* destacou que, em dezembro de 1934, o núcleo integralista de Caruaru realizou uma exposição das ideias do movimento. Segundo o periódico, o grupo era composto por "[...] 54 milicianos, vinha sob a direção do dr. Andrade Lima Filho [...] demandaram [...] ao Jockey Club, onde apresentado pelo jornalista Abilio

33 Silva, Severino Vicente da. As Deusas do Ararobá. BRANDÃO, Sylvana (Org.). *História das Religiões no Brasil.* Recife: UFPE, 2004. Vol. 2.

Maia, o Chefe Provincial debaixo de um entusiasmo indescritível dirigiu a palavra à multidão"[34].

As discussões em torno do integralismo atraiam religiosos, especialmente pela defesa do nacionalismo, do catolicismo e as críticas ao comunismo. Em matéria de Potyguar Mattos, publicada no jornal *O Ororubá*, destacou-se que "Os camisas-verdes" representavam um "movimento revolucionário, [...] a affirmação da Raça brasileira [...] é o encontro da personalidade humana, que havia desaparecido na mentira liberal-democratica, se aniquillado no extremo collectivismo de Marx [...]"[35]. Tais debates chegaram aos trabalhadores da cidade, que replicavam as ideias no ambiente da família, com atenção das crianças.

O decorrer dos eventos marianos em Pesqueira demonstrou caminhos diferentes entre as duas protagonistas das aparições. Enquanto Maria da Luz ingressou na congregação das Religiosas da Instrução Cristã (Irmãs Dama), com adoção do nome de Irmã Adélia, a Maria da Conceição foi atribuído o silenciamento de sua história, materializado nas fontes sobre o evento.

Em outubro de 1936, o jornal *Diario da Manhã* trouxe uma imagem das adolescentes, onde é possível visualizar a disposição das personagens, com Maria da Luz à frente de Maria da Conceição. Deve-se destacar que a vidente mais velha era filha de trabalhadores e, por muito tempo, ajudou nas atividades diárias da família Teixeira de Carvalho. A falta de informações sobre a persona-

---

[34] Paladinos da honra e da grandesa pátria. *Avante,* Pesqueira, 31 dez. 1934. p. 1.

[35] Mattos, Potyguar. Escoria! *O Ororubá*, Pesqueira, 22 ago. 1936. p. 1.

gem também esteve presente nos periódicos, quando seu nome era substituído por "irmã" ou "amiga" de Maria da Luz, como pode ser visto no rodapé da imagem abaixo.

Legenda: Imagem de Maria da Conceição e Maria da Luz, publicada na imprensa
Fonte: Na cordilheira do Ororobá. *Diario da Manhã*, Recife, 10 out.,1936. p. 6.

A questão nos leva a pensar sobre as construções das identidades do evento. A imprensa e os representantes da diocese mantiveram o foco das notícias em uma criança branca, integrante de uma família que mantinha a vida a partir da agricultura e do comércio.

Maria da Conceição, como negra, provável descendente de escravizados, teve o protagonismo reduzido por sua condição, em uma sociedade que ainda resguardava práticas discriminatórias do século XIX.

Parte de suas dificuldades para o ingresso em uma congregação religiosa foi resultado do contexto social dos anos de 1930. Ana Lígia Lira destacou que a inserção de meninas negras em casas eclesiásticas, no Brasil, aconteceu a partir de 1928, mas ainda com a realização de trabalhos secundários[36]. Leila Mezan Algranti fez uma análise da origem das moças que adentravam as casas religiosas no sudeste do Brasil. Para a autora, a questão social era um dos pontos que afastavam as negras e pardas desses estabelecimentos, uma vez que "a fixação de dotes em quase todas as instituições também podia limitar a entrada das mais humildes" que, em sua maioria, eram descendentes de escravizados. Sendo assim, é preciso compreender que as questões raciais e sociais estavam próximas para definir a manutenção de um "chamado" devocional destas mulheres[37]. Por isso, mesmo com sua

---

36 Lira, 2018, p. 163.

37 Algranti, Leila Mezan. *Honradas e Devotas:* mulheres da Colônia (Estudo sobre a condição feminina através dos conventos e recolhimentos do sudeste -1750-1822). 369 f. Tese (Doutorado em História). Programa de Pós-graduação em História, Universidade de São Paulo, São Paulo, 1992. p. 185. Disponível em: https://www.pagu.unicamp.br/pf-pagu/public-files/arquivo/69_algranti_leila_mezan_termo.pdf; Brito, Luciana da Cruz. *Sob o Rigor da Lei:* africanos e africanas na legislação baiana (1830-1841). 114 f. Dissertação (Mestrado em História). Programa de Pós-graduação em História, Universidade Estadual de Campinas, Campinas, 2009. p. 22. Disponível em: http://www.repositorio.unicamp.br/bitstream/REPOSIP/279253/1/Brito_LucianadaCruz.pdf

vontade, ser religiosa não era um processo de fácil condução para a vida de Maria da Conceição.

A ênfase a uma das personagens também pode ser percebida no *Jornal Pequeno*, quando divulgou reportagem sobre o assunto e estampou apenas a imagem de uma das videntes. Deve-se destacar que a utilização das fotos em um período de grande número de não alfabetizados foi importante para a construção de informação.

No logar onde ap-

parece a Santa está jorrando agua milagrosa

Segunda-feira estiveram em Cimbres

mas de tres mil pessôas

MARIA DA LUZ, uma das videntes das apparições milagrosas de Cimbres

A multidão de romeiros, em Cimbres, no logar ende apparece a Santa e jorra a agua milagrosa

Legenda: Notícia no Jornal Pequeno
Fonte: No logar onde aparece a Santa está jorrando agua milagrosa. *Jornal Pequeno*, Recife, 15 set. 1936. p. 1.

Entre 15 de fevereiro e 2 de dezembro de 1937, Maria da Luz frequentou o Colégio Santa Sofia, na cidade de Garanhuns, pertencente ao Instituto das Religiosas da Instrução Cristã. No entanto, devido à ordem do bispo, foi impedida de relatar os eventos ocorridos aos integrantes da instituição. Mesmo com a indicação de religiosos, sua estada no local foi marcada por atritos, questionamentos sobre os eventos em Pesqueira, pela falta de recursos para custear as despesas ou a distância da família.

Sua formação eclesiástica foi acompanhada pelos inquisidores do caso, fato que não aconteceu com Maria da Conceição, que passou a viver na cidade de Arcoverde, Sertão de Pernambuco, sem um acompanhamento eclesiástico específico. Nas cartas endereçadas ao padre José Kehrle, nota-se a preocupação de Maria da Luz de seguir as orientações do clero. Em correspondência de 1938, a vidente destacou que foi:

> [...] ate Alagoinha, e falei com frei Estevam. Si o senhor concentir só abasta que seja assim, que eu farei este grande sacrifício de não voltar ao collegio este anno, porque reconnheço que meus paes não podem, se o senhor quizer e assim se Nossa Senhora quizer que eu va ser Freira em 1939, serei leiga mesmo, tenho coraje de sofrer[38].

O documento demonstra as discussões sobre decisões que poderiam ser tomadas em momentos específicos da formação de Maria da Luz e os cui-

[38] Maria da Luz de Carvalho. *Carta para o padre José Kehrle*. Guarda, 9 jan. 1938.

dados para que a vidente mantivesse o interesse pela vida religiosa. Em 12 de junho de 1940, com o incentivo do padre José Kehrle, ingressou na vida eclesiástica, continuando como personagem "principal" das narrativas sobre as aparições. Em contrapartida, devido a um processo de silenciamento ou dificuldades impostas por questões sociais, Maria da Conceição não seguiu caminho parecido, mesmo sendo sua vontade.

Em 2 de outubro de 2021, Dom José Luiz Ferreira Salles, C.Ss.R., bispo da Diocese de Pesqueira, publicou uma carta pastoral sobre as aparições em Cimbres. O documento é o único posicionamento da Igreja católica sobre o evento, com destaques relativos aos fundamentos histórico, bíblico, teológico e os ganhos missionários para a instituição. Como em outros instantes, o eclesiástico destacou que, para o reconhecimento destas questões, "o princípio fundamental é o da prudência". Neste sentido, alertou-se sobre os cuidados dos usos políticos das mensagens marianas, uma vez que "[...] deve sempre se expressar dentro de um conteúdo cristológico"[39].

A pastoral autorizou o culto, reconheceu sua importância missionária, os valores para os projetos da Igreja católica e as características de "sobrenatural" do ocorrido em Pesqueira. No entanto, identificamos que mesmo sem o documento do clero, uma legitimação

[39] Salles, Dom José Luiz Ferreira. Diocese de Pesqueira. *Carta Pastoral.* A Diocese de Pesqueira e as presumíveis aparições de Nossa Senhora da Graça (orientações espirituais e pastorais). Pesqueira: Diocese de Pesqueira, 2021.

não oficial, com uma permanente assistência aos fiéis, manutenção de práticas religiosas, organização de um calendário devocional e a estruturação de um espaço físico, garantiu as ações dos fiéis. Desde os anos de 1930, os católicos atribuem legitimidade às narrativas das videntes, de parte dos religiosos e da imprensa, com a construção de cultos em torno de Nossa Senhora das Graças e das crianças, a quem é atribuída "fama de santidade"[40].

É preciso compreender que o processo de sacralidade é eclesial, político, social e cultural. Suas atividades não são realizadas apenas por integrantes do clero, como os bispos ou colaboradores da Igreja católica, mas também por pessoa que identificam a possibilidade de santidade em indivíduos, com a realização de orações, manutenção das relíquias, relato das graças, milagres e devoções que contribuem para a formação de um discurso de santidade[41].

Como destacou o Cardeal Angelo Amato, ex-prefeito da Congregação das Causas dos Santos, os personagens que emergem de uma devoção do povo "se revelam como os mais convincentes tradutores do Evangelho que eles interpretam na linguagem concreta da caridade, compreensível a todos"[42]. É importante destacar que, mesmo que uma das personagens esteja sendo

---

[40] Congregation de Causis Sanctorum. *Le Cause dei Santi.* Sussidio per lo *studium.* Città del Vaticano: Libreria Editrice Vaticana, 2018. p. 97-103.

[41] Woodward, Kenneth L. *A Fábrica de Santos.* São Paulo: Siciliano, 1992. p. 17, 51.

[42] Amato, Angelo. *Santi e Beati.* Come procede la Chiesa? Vaticano: Libreria Editrice Vaticana, 2012. p. 32.

submetida a um rito de legitimação devocional, fiéis lhe atribuem sentido de santidade[43].

Para Letícia Quérette, as narrativas construídas a partir de Cimbres foram responsáveis por direcionar os trabalhos com a população do entorno do santuário, com a formação de pontos de peregrinação, romarias e espaços para promessas[44]. As questões foram percebidas nos escritos do padre José Kehrle, que destacou que "do acontecimento espalhou-se logo a fama e em poucos dias tornou-se o local parte de uma verdadeira romaria". Ainda para o confessor de Maria da Luz, "[...] em nenhuma aparição de Nossa Senhora se manifestou tão explícita e extensiva, tão clara e precisamente como no 'Guarda'"[45].

As narrativas que se originaram na Diocese de Pesqueira foram fundamentais para compreendermos a lógica da formação de uma devoção transnacional em torno das aparições marianas. As suas estruturas estavam de acordo com os projetos da Cúria romana que, em momentos de rupturas, elaborou propostas para um processo de recristianização, valorização da fé e expansão dos ensinamentos católicos.

---

[43] Em 2018, a Diocese de Pesqueira abriu o processo de beatificação e canonização da Irmã Adélia (Maria da Luz). Moura, Carlos André Silva de; SILVA, Jociel João Gomes da. Uma "Santa" pernambucana: Irmã Adélia e sua vida dedicada à fé e à caridade. *Vatican News*. 23 mar. 2021. Disponível em: https://www.vaticannews.va/pt/igreja/news/2021-03/irma-adelia-vida-dedicada-fe-caridade.html

[44] Quérette, 2006, p. 49.

[45] Kehrle, 1941.

Fontes

Brasil. Instituto Brasileiro de Geografia e Estatística. *Recenseamento Geral do Brasil* (1º de setembro de 1940). Censos econômicos, agrícola, industrial, comercial e dos serviços. Quadros de totais referentes ao Estado e de Distribuição segundo os municípios. Série Regional. Parte IX – Pernambuco. Rio de Janeiro: Serviço Gráfico do Instituto Brasileiro de Geografia e Estatística, 1950. Disponível em: https://biblioteca.ibge.gov.br/visualizacao/periodicos/65/cd_1940_p9_t1_pe.pdf

Congregation de Causis Sanctorum. *Le Cause dei Santi.* Sussidio per lo *studium.* Città del Vaticano: Libreria Editrice Vaticana, 2018.

Diocese de Pesqueira. *Livro de Tombo da Freguesia de Santa Aguida de Pesqueira*, 13 mar. 1870. Doc. 19, mar. 1925.

Diocese de Pesqueira. *Ultimas apparições em Genipapinho,* 22 dez. 1937.

Em pleno paraizo Estacista. *Diario da Manhã,* Recife, 6 mar. 1929.

Febre Amarella em Pesqueira? *Diario da Manhã,* Recife, 5 mar. 1929.

Lambertini, Prospero Lorenzo. *De Servorum Dei Beatificatione Et Beatorum Canonizatione.* Venetiis: Excudebat Antonius Foglierini, 1852.

Lampeão em território pernambucano? *Jornal Pequeno,* Recife, 22 maio 1936.

"Lampeão" está em território pernambucano. *Diário de Pernambuco,* Recife, 22 out. 1936.

Maria da Luz de Carvalho. *Carta para o padre José Kehrle*. Guarda, 9 jan. 1938.
Maria da Luz. *Carta para o padre José Kehrle*. Guarda, 1 set. 1936.
Maria, Padre Júlio. *O fim do mundo está próximo?* Prophecias antigas e recentes. Rio de Janeiro: Livraria Boa Imprensa, 1940.
Mattos, Potyguar. Escoria! *O Ororubá*, Pesqueira, 22 ago. 1936.
No Logar onde apparece a Santa está jorrando agua milagrosa. Segunda-feira estiveram em Cimbres mas de três mil pessôas. *Jornal Pequeno,* Recife, 15 set. 1936.
Paladinos da honra e da grandesa pátria. *Avante,* Pesqueira, 31 dez. 1934.
Roeser, D. Pedro. A religião dos índios e dos negros de Pernambuco. Crendices populares. *Revista do Instituto Archeologico, Historico e Geographico Pernambucano*, Recife, Vol. XXIV, n. 115 a 118, p. 189-209, 1922.
Roettger, Frei Estevão von. *Manuscrito*. Recife, 1947.
Salles, Dom José Luiz Ferreira. Diocese de Pesqueira. *Carta Pastoral.* A Diocese de Pesqueira e as presumíveis aparições de Nossa Senhora da Graça (orientações espirituais e pastorais). Pesqueira: Diocese de Pesqueira, 2021.
Visão Confortadora! Duas creanças, perdidas na matta, viram Nossa Senhora. *Jornal Pequeno,* Recife, 2 set. 1936.

Referências

Algranti, Leila Mezan. *Honradas e Devotas:* mulheres da Colônia (Estudo sobre a condição feminina através dos conventos e recolhimentos do sudeste – 1750-1822). 369 f. Tese (Doutorado em História). Programa de Pós-graduação em História, Universidade de São Paulo, São Paulo, 1992. p. 185. Disponível em: https://www.pagu.unicamp.br/pf-pagu/public-files/arquivo/69_algranti_leila_mezan_termo.pdf

Amato, Angelo. *Santi e Beati.* Come procede la Chiesa? Vaticano: Libreria Editrice Vaticana, 2012.

Apolito, Paolo. *"Dice che hanno visto la Madonna".* Un caso di apparizioni in Campania. Bologna: Il Mulino, 1990.

Brito, Luciana da Cruz. *Sob o Rigor da Lei:* africanos e africanas na legislação baiana (1830-1841). 114 f. Dissertação (Mestrado em História). Programa de Pós-graduação em História, Universidade Estadual de Campinas, Campinas, 2009. Disponível em: http://www.repositorio.unicamp.br/bitstream/REPOSIP/279253/1/Brito_LucianadaCruz.pdf

Conferência Nacional dos Bispos do Brasil. *Aparições e Revelações Particulares.* Subsídios Doutrinais. Brasília: Edições CNBB, 2009.

Fialho, Vânia; Neves, Rita de Cássia Maria Neves; Figueiroa, Mariana Carneiro Leão (Org.). *Plantaram Xicão:* os Xukuru do Ororubá e a criminalização do direito ao território. Manaus: UEA, 2011.

Lira, Ana Lígia. *O Diário do Silêncio:* o alerta da Virgem Maria contra o comunismo no Brasil. Eclesiae, 2018.

Minayo, Maria Cecília de Souza. Representações da cura no catolicismo popular. In. Alves, Paulo Cesar; Minayo, Maria Cecília de Souza (Orgs). *Saúde e doen-*

ça: um olhar antropológico. Rio de Janeiro: FIOCRUZ, 1994.

Moura, Carlos André Silva de; SILVA, Jociel João Gomes da. Uma "Santa" pernambucana: Irmã Adélia e sua vida dedicada à fé e à caridade. *Vatican News*. 23 mar. 2021. Disponível em: https://www.vaticannews.va/pt/igreja/news/2021-03/irma-adelia-vida-dedicada-fe-caridade.html

Paiva, Ione Maria Cavalcanti. *Aqui o céu encontra-se com a terra*. Recife: Editora do Autor, 1987.

Quérette, Letícia Loreto. *Onde o céu encontra com a terra:* um estudo antropológico do Santuário de Nossa Senhora da Graça na Aldeia Guarda, em Cimbres (Pesqueira – PE). Dissertação (Mestrado em Antropologia). Programa de Pós-graduação em Antropologia, Universidade Federal de Pernambuco, Recife, 2006.

Ratzinger, Joseph. *Comentário Teológico*. 26 jun. 2000. Disponível em: http://www.vatican.va/roman_curia/congregations/cfaith/documents/rc_con_cfaith_doc_20000626_message-fatima_po.html

Reesink, Mísia Lins. Para uma antropologia do milagre: Nossa Senhora, seus devotos e o Regime de Milagre. *Caderno CRH,* Salvador, p. 267-280, vol. 18, n. 44, mai.-ago., 2005. Disponível em: https://periodicos.ufba.br/index.php/crh/article/view/18527

Silva, Edson. "Nossa Mãe Tamain": religião, reelaboração cultural e resistência: o caso dos Xukuru do Ororubá (PE). In. Brandão, Sylvana (Org.). *História das Religiões no Brasil.* Recife: EDUFPE, 2002.

Silva, Edson. Cultos e Devoções Xukuru a Santos Católicos: história, reelaboração cultural e resistência indígena no Nordeste. *Fronteiras:* revista de História, Campo Grande, 7 (14), p. 37-48, jul./dez. 2003. Disponível em: https://ojs.ufgd.edu.br/index.php/FRONTEIRAS/article/viewFile/13480/6904

Silva, Edson. Povo Xucuru do Ororubá: história a partir das memórias de "seu" Gercino. *Saeculum*, João Pessoa, n. 18, jun. 2008. Disponível em: https://periodicos.ufpb.br/index.php/srh/article/view/11398.

Silva, Rafael Maria Francisco da. *"Eu sou a Graça":* as aparições de Nossa Senhora das Graças em Pernambuco – História e Teologia em confronto em busca da verdade. Campinas: Ecclesiae, 2016.

Silva, Severino Vicente da. As Deusas do Ararobá. BRANDÃO, Sylvana (Org.). *História das Religiões no Brasil.* Recife: UFPE, 2004. Vol. 2.

Verde, Gabriel Vila. *Maria Milza*. Milagres e mistérios no sertão da Bahia. Rio de Janeiro: Albatroz, 2016.

Wilson, Luís. *Ararobá, Lendária e Eterna.* Notas para a História de Pesqueira. Pesqueira: Prefeitura Municipal de Pesqueira, 1980.

Woodward, Kenneth L. *A Fábrica de Santos.* São Paulo: Siciliano, 1992.

5
A piedade mariana e seu culto litúrgico, fontes de espiritualidade cristã

P. Alexandre Awi Mello, Isch[1]

Introdução

O tema solicitado para esta exposição foi, em geral, "a piedade mariana e o seu culto litúrgico". Contudo, quis dar-lhe um enfoque específico: mostrar que a **piedade mariana**, tanto em sua **forma litúrgica** quanto em suas **expressões populares**, é fonte fundamental para a vivência de uma autêntica **espiritualidade cristã**.

Todas as formas de piedade mariana são, de certa forma, um exercício do culto cristão.[2] Portanto, todas

---

1 Superior geral dos Padres Schoenstatt. Doutor em Mariologia pela Internacional Marian Research Institute da Universidade de Dayton, nos Estados Unidos. Professor na Pós-Graduação em Mariologia e assessor teológico da Academia Maria de Aparecida. Membro da direção da Associação Brasileira de Mariologia.

2 "A piedade da Igreja para com a bem-aventurada Virgem Maria é elemento intrínseco do culto cristão" (Paulo VI. *Exortação Apostólica Marialis Cultus para a reta ordenação e desenvolvimento do culto à Bem-aventurada Virgem Maria* – a partir daqui MC, n. 66).

as expressões de piedade marianas presentes no **culto litúrgico**, nos "**pios exercícios**" marianos (como o Rosário ou o Angelus) e nas mais diversas expressões da **piedade popular** mariana (festas, peregrinações, santuários, velas, ex-votos etc.) são expressões do culto mariano e, como tal, são **fonte de autêntica espiritualidade cristã**. A oração mariana alimenta a fé cristã, e a fé cristã alimenta a oração e a espiritualidade mariana, como se desprende de *Marialis Cultus* (MC) n. 66.[3] Além disso, no contexto latino-americano, é importante acentuar a reflexão recente do magistério e do Papa Francisco sobre a **espiritualidade popular mariana**[4].

1. Espiritualidade cristã expressada na piedade mariana litúrgica e popular

Como sabemos, o culto a Nossa Senhora tem uma longa tradição na história da Igreja. Já nas páginas do **Novo Testamento** se encontram indícios do grande valor que as primeiras comunidades cristãs davam à mãe de Jesus. O canto de louvor, colocado pelo evangelista Lucas nos lábios de Maria, conhecido como *Magnificat* (cf. Lc 1,46-55), por exemplo, é considerado por alguns

---

[3] "Essa veneração que a Igreja tem vindo a prestar à Mãe do Senhor, em todos os lugares e em todos os tempos, desde a saudação com que Isabel a bendiz (cf. Lc 1,42-45) até as expressões de louvor e de súplica da nossa época, constitui um excelente testemunho da sua *norma de oração* e um convite a reavivar nas consciências a sua *norma de fé*. E, em contrapartida, a norma de fé da Igreja exige também que, por toda a parte, floresça com pujança a sua *norma de oração* pelo que se refere à Mãe de Cristo" (MC 66).

[4] Cf. CELAM. V Conferência Geral do CELAM: documento conclusivo (a partir daqui DA), n. 263.

estudiosos um hino litúrgico das primeiras comunidades cristãs da Palestina[5], no qual se podem constatar elementos de um **autêntico reconhecimento da veneração** àquela que deu à luz o Salvador e, ao mesmo tempo, uma **profecia** sobre o futuro desenvolvimento do culto a sua pessoa: "Desde agora me proclamarão bem-aventurada todas as gerações, porque realizou em mim maravilhas aquele que é todo-poderoso e cujo nome é santo" (Lc 1,48-49).

O padre marianista Luigi Gambero (1930-2013), profundo estudioso de Maria, e de quem tive a alegria de ser aluno, recordava no Dicionário de Mariologia que o culto a Maria "é, de certo modo, tão antigo quanto a Igreja, já que se prende diretamente aos motivos de louvor e admiração que os evangelhos fornecem a respeito desta. Nos séculos seguintes ele foi pouco a pouco se desenvolvendo na vida dos cristãos mediante atitudes de veneração, de invocação e de imitação, assumindo expressões ditadas pelas condições religiosas e culturais de cada época".[6]

A proclamação das bem-aventuranças de Maria expressa, em essência, um louvor ao Deus que realizou grandes obras nela, um louvor à Trindade. Essa proclamação se desenvolveu, ao longo dos séculos, de diferentes formas, constituindo aquilo que se chama o culto de veneração ou a *dulia* (em grego, honra) que se presta a Maria. Tradicionalmente, também chamado de ***hiperdulia***, por ser o máximo grau de veneração

---

5 Cf. PERETTO, Elio. *Magnificat*. In: FIORES, Stefano; MEO, Salvatore (Orgs.) Dicionário de Mariologia. São Paulo: Paulus, 1995, p. 814-815.

6 GAMBERO, Luigi. *Culto*. In: FIORES, Stefano; MEO, Salvatore (Orgs.) Dicionário de Mariologia. São Paulo: Paulus, 1995, p. 359.

devotado a uma pessoa humana, o culto a Maria se diferencia essencialmente da *latria* (em grego, adoração), devida unicamente a Deus.

A veneração a Maria acontece tanto na **liturgia**, forma oficial do culto realizado na Igreja, como nas mais diversas expressões da **piedade popular**. Em ambos os casos ela é fonte de autêntica espiritualidade cristã. Em outras palavras, o amor devido a Nossa Senhora e as correspondentes expressões deste amor têm como objetivo fomentar e aprofundar a ação do Espírito de Cristo na vida dos cristãos, unindo indivíduos e comunidades mais profundamente a Jesus e à salvação trazida por Ele, tornando-os mais semelhantes a Jesus.

É sabido, porém, que **nem todos os cristãos veem com bons olhos o culto a Maria** e teriam dificuldades em afirmar que este seja fonte de uma verdadeira espiritualidade cristã. Sirva como exemplo um **caso relatado pelo Papa Francisco**, em um encontro com o Movimento Apostólico de Schoenstatt (25/10/2014). Ainda como padre, visitou um casal de teólogos católicos que lhe declararam não necessitar de Maria nem da devoção mariana porque já tinham conhecido Jesus. Com seu jeito jocoso e ameno de falar, Francisco comentou: "Eles eram professores de Teologia e estudavam muito. E de tanto estudar, não sei, deviam estar com um pouco de febre na cabeça!" E o Papa conta como se sentiu, depois de ouvir a declaração do casal, em relação à devoção mariana: "Fiquei gelado. Quer dizer, fiquei triste, mal. Como o demônio sob uma forma de 'algo melhor', tira o 'melhor', não é? Paulo nos diz que somos tentados sob a forma de um anjo de luz", advertiu o Pontífice na ocasião.[7]

De fato, a renovação teológica, litúrgica e ecumênica, promovida pelo Concílio Vaticano II (1962-1965), gerou, no âmbito teológico-pastoral pós-conciliar, **desconcerto** (MC 34) e **perplexidades** (MC 58), em relação ao legítimo culto devido à Mãe de Deus, chegando, em muitos ambientes, a um verdadeiro minimalismo mariano. A **resistência**, que ainda hoje **persiste** em alguns ambientes, encontra-se tanto nas expressões *litúrgicas* do culto a Nossa Senhora, quanto – e principalmente – nas formas variadas da *piedade popular* mariana.

Por um lado, a grande **riqueza da tradição *litúrgica* mariana é pouco conhecida e valorizada** por muitos teólogos e pastores. Mas, de fato, as referências a Maria são uma constante nos textos litúrgicos da Igreja, tanto do Oriente como do Ocidente, desde seus primórdios. No calendário litúrgico pós-conciliar, encontram-se quinze festas marianas (quatro solenidades, três festas, quatro memórias obrigatórias e quatro memórias livres). Um interessante trabalho ecumênico, no qual um monge católico e uma teóloga evangélica se interrogam sobre o lugar de Maria na espiritualidade cristã, afirma: "as festas marianas indicam aspectos da existência humana que, de outro modo, poderiam pas-

---

7 FRANCISCO. *Cultura do encontro é cultura de Aliança. E, isso gera solidariedade eclesial.* Mensagem do Papa Francisco ao Movimento Apostólico de Schoenstatt em 25 outubro 2014, p. 3. Disponível em: *schoenstatt.org*, acesso em 22 de julho de 2024: http://www.schoenstatt.org/images/uploads/news/2014/francisco_audiencia_2014_PT.pdf

sar despercebidos. Elas desenvolvem para cada um o mistério da Redenção em toda a sua riqueza"[8].

Além das festas litúrgicas, também na celebração dos sacramentos, nas Orações Eucarísticas da Missa, no Credo, nas bênçãos e sacramentais, não faltam menções explícitas à intercessão e à exemplaridade da Mãe de Jesus como caminho espiritual para o encontro com Cristo e com a Santíssima Trindade. Em geral, esses textos litúrgicos são objeto de sérias análises magisteriais e costumam ser bem ponderados teologicamente. Contudo, embora incomodem menos que as práticas de devoção mariana, a espiritualidade litúrgica mariana, muitas vezes, passa despercebida, e muitos formulários litúrgicos são pouco utilizados pastoralmente.

A modo de exemplo, pode-se mencionar um caso bem concreto: Pelo menos no Brasil, até recentemente, não se usava a riquíssima **Coletânea de Missas de Nossa Senhora**, promulgada pelo Papa João Paulo II, em 1986, com **46 missas** (com orações e leituras próprias), dedicadas ao culto a Maria, ao longo do ano litúrgico e perfeitamente integradas com ele. Embora amplamente utilizada no mundo inteiro, essa coletânea foi (e em muitos âmbitos ainda é) praticamente desconhecida em nosso país. Publicada no Brasil, em 1987, *ad experimentum* por três anos[9], em uma pequena edição rapidamente esgotada, só trinta anos depois, graças

[8] GRÜN, Anselm; REITZ, Petra. *Festas de Maria: guia para a vida. Um diálogo evangélico-católico*. Aparecida: Santuário, 2009, p. 8.

[9] CONGREGAÇÃO para o Culto Divino. *Coletânea de Missas de Nossa Senhora*. 2 vol. São Paulo: Paulinas, 1987.

ao Ano Mariano Nacional (2016-2017) foi reeditada[10], após muitos esforços[11], sendo, a meu ver, um indício claro de certa distância reinante no ambiente eclesiástico brasileiro em relação ao valor espiritual do culto a Maria, até mesmo quando aprovado nos livros litúrgicos da Igreja.

Mais frequente ainda é, por outro lado, a **dificuldade de valorizar positivamente a *piedade popular mariana*** como fonte de autêntica espiritualidade. Muitos pastores e teólogos não sabem lidar bem com as manifestações da religiosidade popular, tratando-as com certa desconfiança, tolerando-as, mais que fomentando-as, insistindo em sua necessidade de purificação, mais que em seu valor intrínseco. E não sem razão. Afinal, não é raro encontrar pessoas que parecem demonstrar mais amor a Nossa Senhora que a Jesus, mais zelo pelas devoções populares que à liturgia, mais frequência às romarias que às missas. De fato, o divórcio entre liturgia e devoção popular foi uma das denúncias do Concílio Vaticano II e das insistências teológico-pastorais do pós-Concílio.

Por isso mesmo fiquei intrigado quando soube que o **Papa Francisco** considerava que uma das páginas mais bonitas do Documento de Aparecida é aquela que se refere à piedade popular. O então Cardeal Bergoglio foi o presidente da Comissão de Redação do documen-

[10] CONGREGAÇÃO para o Culto Divino. *Coletânea de Missas de Nossa Senhora*. 2 vol. (Orações e Lecionário). Brasília: Edições CNBB, 2016.

[11] Um comentário sobre a demora na reedição brasileira da Coletânia de Missas de Nossa Senhora pode-se encontrar em: SILVA, Rafael. *O Culto a Maria sob um olhar pedagógico e litúrgico*. In: Paróquias & Casas Religiosas ano 9 – n. 50, set/out 2014, p. 30.

to final da V Conferência do CELAM, acontecida em 2007, e tive a graça de acompanhá-lo de perto naquela ocasião. Contudo ainda não tinha me dado conta do enorme valor que ele dá à piedade popular, em especial à piedade mariana. Como pode ser que o Papa Francisco valorize tanto a piedade popular? Ou ainda, que seu antecessor Bento XVI – menos dado a manifestações públicas de piedade – tenha se referido a ela, logo ao início da Conferência de Aparecida, como "o precioso tesouro"[12] dos nossos povos?

Pode o **culto a Maria** – seja ele litúrgico, devocional ou popular – ser verdadeira **fonte a alimentar a espiritualidade cristã** ou se trata, pelo contrário, da expressão de uma espiritualidade imatura que deve crescer rumo à plenitude do culto a Jesus, único culto autenticamente cristão?

Para responder a essas interrogantes, a presente reflexão parte de uma análise da crise do culto mariano, acontecida no período imediatamente posterior ao Concílio, que tem consequências até os nossos dias. Procura em seguida recordar os critérios propostos por Paulo VI para a renovação do culto mariano, na *Marialis Cultus*, e para uma correta valorização da piedade popular, na *Evangelii Nuntiandi*, o valor do caminho realizado pela Igreja latino-americana entre Medellín y Puebla, e as contribuições trazidas pelo *Diretório sobre a Piedade Popular e a Liturgia*. Sobre essa base aden-

---

[12] Bento XVI. Discurso Inaugural. Em: CELAM. *Documento de Aparecida: texto conclusivo da V Conferência Geral do Episcopado Latino-americano e do Caribe*. Brasília, S. Paulo: CNBB, Paulinas, Paulus, 2007, p. 267-284. Aqui: p. 269.

trar-se-á no valor da piedade popular latino-americana, considerada pelo *Documento de Aparecida* como uma verdadeira *espiritualidade popular*, na qual cresceram e se desenvolveram o pensamento e a espiritualidade mariana do Papa Francisco, proposta por ele a toda a Igreja universal.

2. Crise do culto mariano e de seu valor na espiritualidade cristã

Embora muito estimado pelo povo cristão, em geral, o culto a Maria passou, especialmente a partir da **segunda metade do século XX**, a ser visto com certa desconfiança por teólogos e clérigos, na hora de se propor uma espiritualidade verdadeiramente cristã. O antigo adágio atribuído a São Bernardo de Claraval: "*De Maria nunquam satis*", ou seja, de Maria nunca se poderá falar o suficiente, deu lugar – explícita ou implicitamente – ao "*De Maria nunquam. Satis!*" Não falemos mais de Maria, pois dela já se falou o suficiente.

Mesmo tendo o Vaticano II produzido o maior texto mariológico da história dos concílios, com uma riqueza e um valor ímpares, a profunda mudança de perspectiva, ocorrida nele, gerou desconcerto e perplexidade. A reflexão sobre Maria não apareceu como um tratado à parte, como quase metade dos padres conciliares desejavam, inicialmente, mas foi integrada ao conjunto da reflexão teológica sobre o mistério de Cristo e da Igreja, como indica o título do **capítulo VIII da Constituição Apostólica *Lumen Gentium*** (LG). A insistência nesta nova perspectiva teológica, unida à redescoberta da centralidade litúrgica, certamente mais importante que as devoções, tão abundantes, justamente na relação dos fiéis com a Mãe de Jesus, gerou em muitos pastores certa atitude de menosprezo às expressões da piedade popular, que se percebem ainda hoje em diversos âmbitos eclesiais. Como o culto a Maria passa, em grande medida, por essas devoções, em si periféricas, se comparadas à centralidade do culto a Cristo e à Trindade, instalou-se – explícita ou implicitamente – uma crise em relação ao culto a Maria e seu potencial, como fonte de espiritualidade cristã. A tal ponto que a década que lhe seguiu chegou a receber o epíteto de "**decênio antimariológico**".

Contudo, claramente não foi essa a intenção do Concílio. A LG, de fato, traz uma bela exposição sobre **o valor e a importância do culto a Maria**. O texto recorda que a Maria se reserva na Igreja um culto especial e recorda como ao longo da história da Igreja este "cresceu admiravelmente na veneração e no amor, na invocação e na imitação", segundo as já mencionadas "palavras proféticas", resgatadas no evangelho segundo Lucas (cf. Lc 1,48-49). Os Padres conciliares observam que o culto a Maria se difere essencialmente da adoração, devida unicamente à Trindade, porém "favorece poderosamente" o culto a Deus (cf. LG 66). As diferentes formas de piedade mariana, aprovadas pela Igreja, "têm a virtude de fazer com que, honrando a mãe, melhor se conheça, ame e glorifique o Filho (...) e melhor se cumpram seus mandamentos" (LG 66).

O Concílio exorta os fiéis a incrementarem o culto a Maria, em especial o culto litúrgico, e que tenham em grande estima os exercícios e práticas de piedade marianas, recomendados pelo magistério, ao longo dos séculos. Recorda ainda aos teólogos e pregadores a necessidade de evitar os extremos nessa matéria, mantendo-se dentro da sã doutrina e dos parâmetros da revelação, evitando os erros, sejam por exagero ou por falta (cf. LG 67). Os padres conciliares concluem sua reflexão sobre o culto a Maria dizendo que "a verdadeira devoção não consiste em uma emoção estéril e passageira, mas nasce da fé, que nos faz reconhecer a grandeza da Mãe de Deus e nos incita a amar filialmente nossa Mãe e a imitar suas virtudes" (LG 67).

Não obstante a beleza da reflexão conciliar, o **desconcerto** foi inevitável. Joseph Ratzinger comenta que "o vácuo que assim se criou não pôde sequer ser preenchido pela introdução do título 'Mãe da Igreja', que Paulo VI, no fim do concílio, atribui conscientemente como resposta à crise que já se desenhava"[13]. Uns anos depois, em 1967, o mesmo Papa, não tranquilo com os rumos do assunto e a fim de esclarecer a correta ordenação do culto mariano, escreveu a Exortação Apostólica *Signum Magnum* sobre o culto da Virgem Maria, Mãe da Igreja e modelo de todas as virtudes, que pouco ou nenhum eco encontrou no ambiente teológico-pastoral.

---

[13] RATZINGER, Joseph; BALTHASAR, Hans Urs von. *Maria, primeira Igreja*. Coimbra: Gráfica de Coimbra, 2004, p. 19.

Não há dúvida de que a inclusão do documento mariano do Concílio Vaticano II dentro da constituição sobre a Igreja, do ponto de vista teológico, foi acertada. Maria só pode mesmo ser compreendida em sua intrínseca relação com o mistério de Cristo e da Igreja. Contudo, Joseph Ratzinger advertiu que uma das causas do vazio mariológico pós-conciliar foi o **predomínio** – em parte presente até hoje em alguns círculos – **de certa visão mariológica desprovida de afeto pessoal**, correndo o risco de cair em um ***tipologismo*** mariano unilateral, que teve claras repercussões pastorais. "Estou convencido – continua aquele que viria a ser o Papa Bento XVI – de que a alteração da face da Igreja na América Latina, após o Concílio, a concentração temporária do sentimento religioso na mudança política se deve compreender tendo como pano de fundo esses acontecimentos."[14] Para ele, dizer que Maria é "tipo" (modelo) da Igreja, como o Concílio afirma no rastro dos Padres da Igreja, não significa que se reduza Maria "a uma simples exemplificação de conteúdos teológicos intercambiáveis". Pelo contrário, como "tipo", Maria deve ser considerada "figura pessoal e insubstituível", com quem o fiel se relaciona afetiva e pessoalmente, pois "só através do elemento marial a esfera afetiva fica perfeitamente firmada na fé"[15]. Do contrário, a Igreja

---

14 RATZINGER, Joseph; BALTHASAR, Hans Urs von. *Maria, primeira Igreja*, p. 16. Cf. também: ALLIENDE, Joaquín. *Para que nuestra América viva*: María educadora de discípulos y misioneros. Santiago de Chile: Nueva Patris, 2007, p. 125-136.

15 RATZINGER, Joseph; BALTHASAR, Hans Urs von. *Maria, primeira Igreja*, p. 21-22.

pode degradar em um simples programa de ação ou mera burocracia estrutural, sem alma.

Ao não perceber a relação orgânica do amor que o fiel tem por Maria com o amor que ele tem por Cristo – a quem Maria está unida em íntima comunidade de amor e de missão – tal visão teme ou evita cultivar um **amor pessoal a Maria**, deixando assim de ser fonte de espiritualidade (no máximo seria fonte de moralidade!). Afinal o Espírito atua ali onde há amor verdadeiro. A relação com Maria se reduziria, então, a tê-la como *modelo* de virtudes a imitar. Mais que cultivar um vínculo pessoal a ela, uma autêntica espiritualidade – o que poderia parecer uma "concorrência" frente ao vínculo a Jesus, à espiritualidade cristã em geral –, deveria-se unicamente reconhecê-la como um exemplo de atitudes a serem seguidas. Esta pastoral *moralizante* apontaria a um imperativo categórico – do tipo: "tens que ser como ela" – sem que se cultive suficientemente a motivação que provém de um amor forte, cálido e profundo à pessoa de Maria, que provém de um vínculo espiritual a ela, de uma ação do Espírito de Jesus, que une o devoto de Maria ao grande amor da vida dela: Jesus, o Deus-pessoal-conosco.

Desconhece-se, assim, uma **lei fundamental da piedade mariana**: é justamente a *vinculação de amor* a Maria que deve levar o fiel a querer imitar suas atitudes. Se por um lado, o amor a Maria não é estéril e deve conduzir a um verdadeiro processo de conversão pessoal, por outro, tal conversão não é simples fruto de esforço ético, mas é consequência do amor pessoal a ela e da ação do Espírito Santo na alma do fiel. Com precisão semelhante, algumas décadas antes, o Padre José Kentenich (1885-1968), fundador do Movimento de Schoenstatt, corrente mariana de espiritualidade na Igreja, havia formulado assim o caminho da devoção mariana: "do amor filial a Maria à imitação mariana"[16], em outras palavras: o vínculo amoroso do fiel a Maria leva-o à apropriação das virtudes de Maria. Isso dá sentido ao culto mariano, seja ele litúrgico ou devocional, e faz dele fonte de espiritualidade, mais que de simples moralidade.

A justa denúncia do perigo de maximalismo doutrinal provocou negligência na pesquisa sobre a verdade de fé sobre Maria, que, segundo o Concílio, concentra e irradia os máximos dados da fé (cf. LG 65). A correta observação sobre o perigo de que o culto a Maria se desviasse do eixo central de todo culto cristão ("ao Pai, por Cristo, no Espírito Santo") produziu em muitos a persuasão de que tal culto fosse manifestação periférica e até distorcida do genuíno culto cristão, sem advertir que a piedade mariana, devido à profunda inserção de Maria no mistério da Encarnação e no Mistério Pascal, é "caminho, expressão e garantia"[17] do verdadeiro culto cristão. A denúncia de carências em certas formas externas da piedade mariana não foi acompanhada pela preocupação de substituição de práticas decadentes por outras mais eficazes e atuais, opondo a piedade

---

[16] Cf. VAUTIER, Paul. *Maria, die Erzieherin:* Darstellung und Untersuchung der marianischen Lehre P. Joseph Kentenichs. Vallendar: Patris, 1981, p. 198-200.

[17] Cf. VAUTIER, Paul. *Maria, die Erzieherin*, p. 239.

mariana à liturgia, abandonando-se práticas carregadas de valores verdadeiros sem colocar nada em seu lugar. Com justa razão, destacou-se que o autêntico cristianismo não podia ficar alheio às necessidades dos que sofrem e às transformações sociais; subentendendo-se, porém, que a devoção mariana afastaria o cristão de tais compromissos primários, desconhecendo, assim, o valor espiritual, profético e libertador da verdadeira piedade mariana.

3. *Marialis Cultus*: critérios para o culto mariano como fonte de espiritualidade

Rompendo o "decênio antimariológico" e em resposta a essa situação, em 1974, Paulo VI publica a Exortação Apostólica *Marialis Cultus* (MC), "para o reto ordenamento e desenvolvimento do culto à Bem-aventurada Virgem Maria". Sua intenção era superar o que ele chamou uma "desorientação momentânea" (MC, Introdução), nas expressões cultuais, e "certa perplexidade" (MC 58), na veneração à Mãe do Senhor. Esse rico documento teve grande importância, marcando o início universal de uma **recuperação da pastoral mariana** e seu valor espiritual.

São Paulo VI fomenta assim a renovação do culto mariano. O Papa afirma que a reforma litúrgica pós-conciliar "considerou a Virgem Maria com uma perspectiva adequada no mistério de Cristo; e, em sintonia com a tradição, reconheceu-lhe o lugar singular que lhe compete no culto cristão, qual Santa Mãe de Deus e enquanto alma cooperadora do Redentor" (MC 15). O culto a Maria é, portanto, um **"elemento intrínseco" (MC 56) do culto e da espiritualidade cristã** devido ao especial papel que lhe cabe no plano da salvação: ser "permanente companheira e colaboradora de Cristo"[18], como a chama José Kentenich, ou a nova Eva, junto ao novo Adão, segundo a imagem usada por Santo Irineu e recuperada pela LG 56. Além disso, o Papa recorda que "a todo progresso autêntico do culto cristão segue-se necessariamente um correto incremento da veneração para com a Mãe do Senhor" (MC Introdução).

Na *Marialis Cultus*, o Papa descreve as **quatro notas características** que devem distinguir a devoção a Maria. Suas indicações permanecem sempre válidas para determinar a pertinência de cada prática de culto mariano, seja ele litúrgico, devocional ou popular, a fim de que seja fonte de autêntica espiritualidade cristã. Este deve ser:

- *Trinitário*: Como parte do culto cristão, também o culto mariano, "é por sua natureza, culto ao Pai, ao Filho e ao Espírito Santo, ou melhor – como se exprime a liturgia – ao Pai por Cristo no Espírito" (MC 25). Por isso toda honra devida a Maria, em definitiva, é ato de louvor e ação de graças a Deus Trino que nela realizou grandes obras (cf. Lc 1,48).

[18] Cf. VAUTIER, Paul. *Maria, die Erzieherin*, p. 68.

- *Cristológico*: "Na Virgem Maria tudo é relativo a Cristo e tudo dele depende" (MC 25), daí a necessidade de uma renovação cristológica da devoção mariana, pois, como diria Clodovis Boff, "a relação Maria-Cristo é a 'relação axial' em mariologia"[19]. O Vaticano II afirma que Deus, por desígnio providencial, constitui Maria como "generosa companheira" (cf. LG 61) do Senhor. Esta associação da mãe com o Filho na obra da salvação manifesta-se desde a conceição virginal de Cristo até à sua morte e se prolonga na eternidade (cf. LG 57-59). Portanto, toda referência a ela deve estar, explícita ou implicitamente, acompanhada de uma referência ao Senhor.
- *Pneumatológico*: Deve-se colocar mais em relevo a importância da intervenção do Espírito Santo em Maria (cf. MC 26-27). Sua intercessão e maternidade espiritual acontecem graças à ação do Espírito santificador na história da salvação. A relação do devoto com Maria se dá "segundo o Espírito" e sua função é fazer "nascer Cristo" e crescer a vida divina em cada filho de Maria. Teologicamente, a relação entre Maria e o Espírito Santo é muito rica, e encontrou grande desenvolvimento na teologia pós-conciliar.[20] Sua *ma-*

[19] BOFF, Clodovis. *Introdução à Mariologia*. Petrópolis: Vozes, 2004, p. 15. E justifica, na mesma página: "Toda e qualquer outra relação que Maria tem (e ela se relaciona com todos os mistérios da fé e tem uma palavra a dizer sobre todas as realidades humanas) passa sempre pela relação com Cristo".

[20] Cf. AMATO, Angelo. *Espírito Santo*. In: DE FIORES, S.; MEO, S. Dicionário de Mariologia. São Paulo: Paulus, 1995. p. 445-471.

ternidade espiritual se dá "por obra do Espírito Santo", justamente como se deu sua maternidade carnal (Lc 1,35).

- *Eclesial.* Na Igreja Maria ocupa "depois de Cristo o lugar mais elevado e mais próximo de nós" (LG 54). Daí o valor de vivenciar o culto mariano no seio da Igreja e tendo Maria como modelo para a vida eclesial (cf. MC 28). A íntima relação entre Maria e a Igreja foi uma das redescobertas do Concílio. O que se diz de Maria se pode dizer da Igreja, e vice-versa.

Para fomentar e reforçar essas notas, a *Marialis Cultus* propõe ainda **quatro orientações** que deve seguir a renovação do culto mariano. Este precisa ter clara orientação:

- *Bíblica*: A Sagrada Escritura, fonte primordial da Revelação, recuperada em seu uso cotidiano pela renovação conciliar, contém "referências indubitáveis àquela que foi mãe e cooperadora do salvador, desde o Gênesis até o Apocalipse" (MC 30). Todo culto mariano deve deixar-se iluminar, portanto, pela Palavra de Deus, dentro do contexto global da história da salvação.
- *Litúrgica*: Seguindo as orientações do Concílio Vaticano II, que resgata o lugar da liturgia como cume e ápice da vida cristã, a MC reafirma que "a liturgia, pelo seu preeminente valor cultual,

constitui regra de ouro para a piedade cristã" (MC 23) e, portanto, para todo ato de piedade e culto mariano. Estes precisam estar "em harmonia com a sagrada liturgia, nesta busquem de alguma forma inspiração e a esta, devido a sua natureza muito superior, conduzam o povo cristão" (SC 13).

- *Ecumênica*: Além de evitar mal-entendidos com os irmãos separados (cf. LG 67), o culto a Maria precisa expressar seu cunho ecumênico, ajudando a fomentar a unidade dos cristãos. Sem negar as diferenças, é possível enriquecer e deixar-se fecundar pela experiência mariana de outras confissões cristãs. Afinal, o Espírito que agiu na vida de Maria é o mesmo que fomenta o movimento ecumênico moderno. Dessa forma, Maria não será mais obstáculo, mas "meio e ponto de encontro de todos os crentes em Cristo" (cf. MC 33).
- *Antropológica*: Iluminado pelas ciências humanas, o culto mariano tem uma mensagem para o homem e a mulher de hoje em suas necessidades familiares, psicológicas, sociais, políticas e culturais. Mostrar que Maria se apresenta como "reflexo das aspirações dos homens do nosso tempo" (MC 37) é um desafio fundamental da autêntica devoção mariana.

A *Marialis Cultus* recorda ainda a importância de evitar "tanto o exagero de conteúdos ou de formas que chegue a alterar a doutrina, quanto a mesquinhez da mente que obscurece a figura e a missão de Maria" (MC 38). Importa buscar o equilíbrio entre esses extremos negativos, tornando o culto a Maria genuíno, sólido e conforme sua finalidade principal, a "de glorificar a Deus e levar os cristãos a se aplicarem em uma vida absolutamente conforme sua vontade" (MC 39).

De Medellín a Puebla: redescoberta da piedade popular mariana

A Exortação Apostólica *Marialis Cultus* foi um estímulo para novas reflexões e, na América Latina, influenciou diretamente a mariologia de Puebla. Na verdade, a **mudança mariológica, na América Latina**, pode ser datada praticamente em meados da década de 1970. Desde o Concílio, aguardava-se a formulação de uma **síntese** entre o capítulo VIII da *Lumen Gentium* e a identidade eclesial e cultural do continente. Por outro lado, em algumas Igrejas, especialmente do Cone Sul – Argentina, Uruguai e Chile – tinha-se desenvolvido uma reflexão teológica própria sobre a **pastoral popular**, com suas correspondentes consequências marianas. Enquanto isso, é importante notar que, na contracorrente da teologia protestante e dos teólogos da secularização, inclinados a ver a "religião" – particularmente em sua forma popular – com desprezo e desconfiança, como algo superado ou a superar, nos anos 70, o tema da **religião popular** é colocado de volta em pauta. Percebeu-se que "o religioso e o secular não estão em uma relação de evolução, mas, antes, são dimensões diferentes da realidade".[21] Daí a persistência da religião e/ou da piedade popular.[22]

O anseio de libertação, muito presente na teologia da época, pode encontrar um estímulo na própria religião popular, que comporta valores como o sentido comunitário, festivo e o vínculo cordial com Maria, com cujo sofrimento e pobreza o povo devoto se identifica. Na verdade, Stefano De Fiores considera que Harvey Cox foi um dos primeiros a fazer, naquela época, uma **grande descoberta: *Maria continua viva no povo.*** Partindo de seu interesse pelas religiões *folk* e o catolicismo na América Latina, Cox estudou a piedade popular mariana e entendeu que "a atitude devida à religião popular não consiste em sufocá-la e criticá-la, mas sobretudo em experimentá-la e em se deixar modificar por sua força primordial".[23] A fé dos pobres pode ser ópio, mas também pode ser um grito de libertação. Maria está viva e merece atenção, como uma mulher forte que, com grande força simbólica, abre caminho ao "inconsciente cultural" dos povos.[24]

---

21 DE FIORES, Stefano. *María en la Teología Contemporánea,* Salamanca: Sígueme, 1991, p. 349.

22 LAURENTIN, René. *La persistencia de la piedad popular* in *Concilium* 81 (1973), 137-148. Todo o n. 81 da revista *Concilium* (1973) está dedicado ao tema da "persistência da religião".

23 DE FIORES, Stefano. *María en la Teología Contemporánea*, 350. H. Cox, *A sedução do espírito: uso e abuso da religião popular,* Santander, Sal Terrae, 1974.

24 DE FIORES, Stefano. *María en la Teología Contemporánea*, 350-353.

Autores latino-americanos começam a refletir mais sobre o tema[25], com destaque especial para a chamada "escola argentina", mais tarde chamada de "teologia do povo". Antonio Bentué chama a atenção para o fenômeno: "Nestes últimos anos na América Latina tem crescido ostensivamente o interesse pela 'religiosidade popular'... Tal atitude é tanto mais notável quanto maior era a rejeição que, pouco tempo antes, se costumava ter em relação a essas formas religiosas por parte da teologia e da pastoral oficiais".[26]

Nesse contexto, não se pode deixar de mencionar a grande contribuição de Paulo VI, no **número 48 da Exortação Apostólica *Evangelii Nuntiandi*** (a partir daqui EN), um longo parágrafo dedicado ao tema da *piedade popular*, tratando esse tema, pela primeira vez, em um documento pontifício, com uma perspectiva muito positiva e equilibrada. O Papa inclui a piedade popular entre as "vias" ou meios de evangelização, dizendo

---

[25] PRIMER ENCUENTRO MARIOLÓGICO DE COLOMBIA, *María en la religiosidad popular: ponencias, actas, proposiciones, conclusiones*, Bogotá, Paulinas, 1973; RIBEIRO DE OLIVEIRA, P. *Religiosidade popular na América Latina*, in *REB* 126 (junho 1972), 354-365. A título de exemplo, na década de 1970, a Faculdade de Teologia da Pontifícia Universidade Católica do Chile realizou dois Simpósios sobre Religiosidade Popular, um em 1973 e outro em 1977, publicados em: *La fe de un pueblo*, n. 2, Santiago, Mundo, 1975, e *La fe de un pueblo*, n. 6, Santiago, Mundo, 1978.

[26] O autor reconhece a vivência religiosa do povo como um "sinal dos tempos", que deve ser valorizado, mas, com ironia, adverte contra o perigo de uma "ingenuidade romântica que exalte as expressões religiosas do povo ao ponto de quase 'deixar com complexos' [de inferioridade] os pobres cristãos pós-conciliares que deixaram de praticar novenas porque a leitura da Bíblia em família havia sido indicada para eles como mais apropriada." (BENTUÉ, Antonio. *Elementos metodológicos para una reflexión sobre la religiosidad popular*, in *Teología y Vida* 18, n. 2-3 [abril a setembro de 1977]: 98-127, aqui: 98).

que diante desta realidade "não se pode ser indiferente" (EN 48). Suas expressões, "encaradas durante muito tempo como menos puras, algumas vezes desdenhadas..., constituem, hoje em dia, mais ou menos por toda a parte, o objeto de uma redescoberta" (EN 48).

Paulo VI considera primeiro os possíveis limites e deformações da religiosidade popular (superstições, sectarismo, falta de uma verdadeira adesão à fé e à comunidade eclesial), para logo realçar sua "riqueza de valores", visto que ela reflete uma "sede de Deus que somente os pobres e os simples podem experimentar", exprime "generosidade" e "sacrifício até ao heroísmo", um "apurado sentido dos atributos profundos de Deus: a paternidade, a providência, a presença amorosa e constante", e "suscita atitudes interiores que raramente se observam alhures no mesmo grau: paciência, sentido da cruz na vida cotidiana, desapego, aceitação dos outros, dedicação, devoção" (EN 48). Assim, bem orientada, a "piedade popular" ou "religião do povo" é mais do que uma simples religiosidade e pode significar "cada vez mais, para nossas massas populares, um verdadeiro encontro com Deus em Jesus Cristo" (EN 48). Por isso os bispos devem cuidar "as normas de procedimento em relação a esta realidade, ao mesmo tempo tão rica e tão vulnerável", sendo sensíveis a ela e apercebendo-se "de suas dimensões interiores e de seus inegáveis valores" (EN 48). Paulo VI declara ainda que, durante o Sínodo, os bispos aprofundaram seu significado, com realismo e zelo pastoral admiráveis.

De fato, muitas vozes indicam que esse estudo levou diretamente em consideração o relatório sobre a América Latina apresentado durante o Sínodo pelo Cardeal argentino **Eduardo Pironio**, então Presidente do CELAM, constituindo-se, assim, em uma das primeiras e mais expressivas contribuições da **Igreja latino-americana à Igreja universal**.[27] A esse respeito afirma, de forma contundente, o grande mariólogo italiano Stefano De Fiores: "Toda a Igreja deve à América Latina a descoberta da piedade popular não só como fenômeno de massa, mas também como forma respeitável do cristianismo inculturado e, portanto, como *lugar teológico* significativo pelos valores que comporta, entre eles a intensa relação de amor com a pessoa viva da Mãe de Jesus. Nesse sentido, é fundamental o texto *Informe sobre a América Latina*, do Dom Eduardo Pironio, apresentado no Sínodo Episcopal de 1974, no qual afirma, entre outras coisas, que 'o povo latino-americano se sente interpretado e acolhido em Maria'".[28]

O relatório do cardeal Pironio reflete o desenvolvimento eclesial pós-conciliar da Igreja na América Latina e, especialmente, na Argentina. Em sua apresentação na sala sinodal, Dom Pironio mencionou

---

[27] É importante destacar que a participação dos bispos latino-americanos naquele Sínodo foi preparada em uma reunião da Equipe de Reflexão Teológico-Pastoral do CELAM em Mar del Plata (Argentina), em 1974, que redigiu um importante documento, recolhendo contribuições das diferentes Conferências Episcopais do continente: CELAM, *Algunos aspectos sobre la evangelización en América Latina*, in: CELAM, *Familia, sacerdocio, evangelización, juventud*, Bogotá, CELAM, 1974.

[28] DE FIORES, Stefano. "Hacia la elaboración de una mariología popular en América Latina." In: *Raíces marianas en Latinoamérica,* editado por Juan Manuel Morilla Delgado et al., 25-40. Bogotá: San Pablo, 2012, p. 27.

cinco questões que considerava mais características e fundamentais para a evangelização, sendo **a primeira** delas a **religiosidade popular**.[29] Ele a apresenta como a "experiência simples de Deus e da fé no povo", o "modo como o cristianismo se encarnou nas diferentes culturas e grupos étnicos e é vivido pelo povo", "ponto de partida para a nova evangelização".[30] Entre os elementos válidos dessa religiosidade, destaca-se a fé autêntica, "o sentido especial de Deus e de sua providência, na particular assistência e proteção de Maria Santíssima e dos santos", e sua atitude perante a vida e a morte. Apesar da secularização, ela "continua sendo uma força viva e operante no coração do povo" e fator de "unidade e identidade cristã do continente"[31]. A Igreja deve ajudar a purificá-la, aproveitar seus germes de fé autêntica e transmitir-lhe força missionária. A **dimensão mariana**, tão forte nessa religiosidade, é fruto da herança ibérica, religiosa e popular, da primeira evangelização, centrada nos mistérios de Cristo e de Maria: "A América Latina foi, assim, profundamente eucarística e mariana".[32] A acentuação do Cristo crucificado, com o qual o povo sofredor rapidamente se identificou, obscureceu o aspecto

[29] As outras questões eram: juventude, libertação, comunidades de base e novos ministérios. PIRONIO, Eduardo. *Relación sobre la evangelización del mundo de este tiempo en América Latina* in: *Evangelización, desafío de la Iglesia – Sínodo 1974: Documentos papales y sinodales, presencia del CELAM y del Episcopado Latinoamericano,* ed. CELAM, Bogotá, 1976, p. 113-125.

[30] PIRONIO, Eduardo. *Relación sobre la evangelización del mundo de este tiempo en América Latina*, p. 116.

[31] PIRONIO, Eduardo. *Relación sobre la evangelización del mundo de este tiempo en América Latina*, p. 116-117.

[32] PIRONIO, Eduardo. *Relación sobre la evangelización del mundo de este tiempo en América Latina*, p. 115.

pascal. "Porém", afirma Pironio em seu relatório, "esta dimensão da Páscoa veio até nós pelo lado de Maria... Em Maria, o povo se sente interpretado e assumido. Por isso, na América Latina, a devoção a Maria é uma forma de preservar a fé e um princípio de evangelização mais profunda. A América Latina é um continente essencialmente mariano".[33] E, por isso, conclui seu informe dizendo que a luz de Cristo "nos foi manifestada e brilha por meio de Maria".[34]

Ainda no período intermediário entre Medellín e Puebla, destaca-se a importância do **congresso promovido pelo CELAM em 1976**, em Bogotá, sobre "Igreja e Religiosidade Popular na América Latina"[35], considerado o germe da Conferência de Puebla. No que diz respeito à piedade popular mariana, ali terminam de amadurecer, em nível magisterial, as reflexões próprias da teologia latino-americana e a recepção dos impulsos de Paulo VI na *Marialis Cultus* e na *Evangelii Nuntiandi*. Nas conclusões do evento, afirma-se: "Consideramos um admirável dom da Providência o amor que o povo latino-americano experimenta pela Mãe de Deus. A invocação de Nossa Senhora de Guadalupe é um símbolo global na América Latina que expressa essa fusão da alma do povo com a pessoa de Maria".[36] Pela primeira vez no CELAM, articulava-se uma **teologia pastoral**

---

[33] PIRONIO, Eduardo. *Relación sobre la evangelización del mundo de este tiempo en América Latina*, p. 117.

[34] PIRONIO, Eduardo. *Relación sobre la evangelización del mundo de este tiempo en América Latina*, p. 125.

[35] CELAM, *Iglesia y religiosidad popular en América Latina: ponencias y documento final*, Colección CELAM n. 29, Bogotá, Paulinas, 1977.

[36] CELAM, *Iglesia y religiosidad popular en América Latina*, 410.

sobre Maria e uma linguagem que tinha temperatura e eficácia para **interpretar a alma mariana de nossos povos**. O documento final ainda afirma que, como protótipo da Igreja, a figura de Maria deve ser desenvolvida como um **protótipo de humanismo cristão**. No entanto, "a apresentação tipológica não terá eficácia educativa, se não forem cultivados o amor e o vínculo íntimo e afetuoso do povo com Maria, na perspectiva de toda a fé cristã."[37]

Outra contribuição valiosa, apenas quatro meses antes de Puebla, veio do **Cardeal Joseph Ratzinger**. Em 21 de setembro de 1978, realizou-se em **Guayaquil**, Equador, o terceiro Congresso Nacional Mariano. O Papa João Paulo I, em um de seus poucos atos como pontífice, enviou como seu legado o então arcebispo de Munique e Freising. O futuro Papa Bento XVI fez uma importante intervenção na qual caracterizou, no quadro de suas reflexões mariológicas, a cultura latino-americana. Disse que esta "está marcada particularmente pelo coração e pela intuição"[38]. E, a respeito de Maria, afirmou que "os povos da América do Sul, cuja alma

---

37 CELAM, *Iglesia y religiosidad popular en América Latina*, 411. Por trás dessa afirmação podemos ver o já mencionado princípio de José Kentenich, provavelmente introduzido por um de seus seguidores presentes no encontro: "do vínculo mariano à imitação mariana", ou seja, o amor afetuoso e filial a Maria é caminho, expressão e garantia para a dimensão ética. Ver: VAUTIER, Paul. *Maria, die Erzieherin*, 198-200.

38 A frase completa do cardeal Ratzinger se encontra literalmente no Documento de Puebla, n. 414: "É uma cultura que, conservada de um modo mais vivo e articulando toda a existência nos setores pobres, está marcada especialmente pelo coração e suas intuições. Exprime-se não tanto nas categorias e na organização mental características das ciências, mas nas artes plásticas, na piedade que se faz vida e nos espaços de convivência solidária".

se pode caracterizar como *anima naturaliter catholica*, sempre mantiveram estreitos laços com a Virgem Maria, reconhecendo nela a bondade de Deus, o mistério de Jesus Cristo e o mistério de sua encarnação".[39]

Com admirável sensibilidade para captar a alma latino-americana, Ratzinger diz que os povos do continente perceberam que, "não existindo nenhum nascimento sem mãe, por esta razão a mensagem de Cristo para eles era necessária e essencialmente uma mensagem mariana. Maria... se fez a primeira imagem de Cristo para a América Latina".[40] Em outras palavras, **a fé sem Maria cai no racionalismo**, pois as ideias puras não têm uma mãe. Ele alertou os ouvintes para o perigo de se deixarem fascinar pelo prestígio econômico e intelectual dos centros de poder do Ocidente, advertindo-os a que não "vendessem suas almas"[41], nem abandonassem o tesouro da cultura cordial e católica do continente. Devem, portanto, "manter esta cultura do coração na profissão de sua fé em Maria e, por meio dela, em

---

[39] RATZINGER, Joseph. *Discurso de apertura del Congreso Mariano*, in *Memorias: Congreso Mariano Nacional, Guayaquil, 17-24 de setembro de 1978 – Con María América llega a Cristo*, Guayaquil, Editorial Arquidiocesana Justicia y Paz, 1978/1979, vol. 2, 23-28, aqui: 25; P. BLANCO SARTO, *María en los escritos de Joseph Ratzinger* in *Scripta de Maria* (2008), 309-334, aqui: 327.

[40] RATZINGER, Joseph. *Discurso de apertura del Congreso Mariano*, 26-27; J. ALLIENDE, *Puebla: die Bedeutung der Konferenz für die lateinamerikanischen Völker*, Communio-Verlag, n. 3 (1980), 266.

[41] RATZINGER, Joseph. *Discurso de apertura del Congreso Mariano*, 28.

Cristo Jesus, nosso Senhor",[42] pois "do modo como se oriente a devoção a Maria depende o futuro de nosso continente e o do mundo inteiro".[43]

Outro impulso inegável para a recuperação da piedade popular mariana foi o próprio **Papa João Paulo II**. Desde suas primeiras visitas, em janeiro de 1979, ao santuário da Virgem de Alta Graça, em Santo Domingo, e ao da Virgem de Guadalupe, em Tepeyac, México, foi um verdadeiro peregrino dos principais santuários marianos ibero-americanos e caribenhos. Graças a suas homilias, a seus gestos, símbolos, a seu estilo de celebração e à evidente intensidade de sua oração, essas peregrinações constituíram **aulas magistrais da pastoral popular mariana**. A incidência dessa pastoral deixou um rastro profundo nos povos latino-americanos. No próprio dia da celebração dos 500 anos de evangelização do continente, ele disse a Nossa Senhora: "Há quinhentos anos estás presente nestas terras abençoadas que são tuas, porque dizer

---

[42] RATZINGER, Joseph. *Discurso de apertura del Congreso Mariano*, 28. "Para os homens deste continente, que não pensam e não pensavam nas diferenciações da ciência, mas nas conexões primordiais da vida, para eles é claro que a maternidade não é apenas um aspecto meramente biológico, mas, ao mesmo tempo, um acontecimento espiritual que envolve todo o homem. Maria deu a Jesus não apenas sua carne e seu sangue, mas... ela lhe deu sua alma, seu coração, sua língua: todo o ser humano" (RATZINGER, Joseph. *Discurso de apertura del Congreso Mariano*, 27).

[43] RATZINGER, Joseph. *Mensaje al pueblo ecuatoriano transmitido por televisión*, in *Memorias: Congreso Mariano Nacional, Guayaquil, 17-24 de setembro de 1978 – Con María América llega a Cristo*, Guayaquil, Editorial Arquidiocesana Justicia y Paz, 1978/1979, vol. 2, 37-40, aqui: 38.

América é dizer Maria".[44] Quando os debates teológicos em Puebla estavam apenas começando, João Paulo II estava visitando o México.

No santuário de Nossa Senhora de Zapopán, o Pontífice disse palavras que ressoaram profundamente na assembleia do CELAM e foram citadas no documento final: "Pode-se dizer que a fé e a devoção a Maria e seus mistérios pertencem à identidade própria desses povos e caracterizam sua piedade popular".[45] Depois de citar o já mencionado texto de EN 48, relacionado à religiosidade popular, volta a enfatizar que "essa piedade popular, no México e em toda a América Latina, é indissoluvelmente mariana", sendo que nela "Maria Santíssima ocupa o mesmo lugar preeminente que ocupa na totalidade da fé cristã. Ela é a mãe, a rainha, a protetora e o modelo. A ela se vem para a honrar, para pedir sua intercessão, para aprender a imitá-la, quer dizer, para aprender a ser verdadeiro discípulo de Jesus... Longe de ocultar a mediação insubstituível e única de Cristo, esta função de Maria, sendo acolhida [pela piedade popular], põe-na em relevo... Os fiéis que vêm a este santuário bem o sabem e põem-no em prática".[46]

---

[44] JOÃO PAULO II. *Ato de Consagração da República Dominicana à Virgem de Altagracia*. Disponível em: *A Santa Sé*, 12 de outubro de 1992, acesso em 22 de julho de 2024, https: //w2.vatican.va/content/john-paul-ii/es/speeches/1992 / outubro / documents / hf_jp-ii_spe_19921012_affidamento.html; DP 454.

[45] JOÃO PAULO II. *Homilia no Santuário de Nossa Senhora de Zapopán*, 30 de janeiro de 1979, n. 2, in AAS LXXI, 228. Disponível em: *A Santa Sé*, 30 de janeiro de 1979, acesso em 22 de julho de 2024, https://w2.vatican.va/content/john-paul-ii/es/ho- milies / 1979 / documents / hf_jp-ii_hom_19790130_messico-zapopan.html

[46] JOÃO PAULO II. *Homilia no Santuário de Nossa Senhora de Zapopán*, n. 2.

Assim estava preparado o caminho para Puebla, que, no que se refere ao culto e à piedade popular mariana, é sem dúvida a mais importante das Conferências do CELAM, anteriores a Aparecida.

4. Correta relação entre piedade popular e liturgia, fontes de espiritualidade

A Constituição Conciliar *Sacrosanctum Concilium* (SC), do Concílio Vaticano II, afirma claramente o **primado da liturgia** como fonte de espiritualidade, pois ela é o "cume à qual tende a atividade da Igreja e, ao mesmo tempo, a fonte de onde mana toda a sua força" (SC 10). Contudo, o mesmo texto recorda que "a participação na Sagrada Liturgia não abarca toda a vida espiritual" dos fiéis (SC 12). Como alimento da vida espiritual ou fonte de espiritualidade existem, de fato, também "os exercícios piedosos do povo cristão", em especial aqueles reconhecidos e recomendados pela Igreja.

São João Paulo II, ao celebrar os 25 anos da SC, refere-se ao desafio da **correta relação entre liturgia e piedade popular**: "Esta piedade popular não pode ser ignorada nem tratada com indiferença ou desprezo, porque é rica em valores, e já por si mesma expressa a atitude religiosa diante de Deus; mas tem necessidade de ser continuamente evangelizada, para que a fé que expressa chegue a ser um ato cada vez mais maduro e autêntico. Tanto os exercícios de piedade do povo cristão, como outras formas de devoção, são acolhidos e recomendados, desde que não substituam e não se misturem com as celebrações litúrgicas. Uma autêntica pastoral litúrgica saberá se apoiar nas riquezas da piedade popular, purificá-la e orientá-la à Liturgia, como uma oferenda dos povos"[47].

Importa destacar aqui que uma das **formas de encontro** entre a liturgia e a piedade popular é justamente a **espiritualidade**, como explica Marco Ordenes[48]. A espiritualidade cristã permite a participação da pessoa no mistério de Cristo por meio de um processo de configuração a Ele, que põe em exercício o dom gratuito da Graça, pela ação do Espírito Santo, e o ato efetivo da liberdade humana. Ordenes explica que tanto a liturgia como a piedade popular emanam de um processo de configuração com Cristo. E ambas são expressões desse processo. Portanto, em muitas vivências, sejam litúrgicas, devocionais ou populares, os conteúdos são os mesmos, mesmo que com expressões diferenciadas. Perceber isto conduz a um maior aprofundamento sobre o caráter simbólico e ritual dessas manifestações, e sobre sua complementariedade, pois elas não se negam nem se suprimem mutuamente, mas pelo contrário, podem ser fonte de maior compreensão mútua e de uma espiritualidade mais profunda.

---

[47] JOÃO PAULO II. Carta Apostólica *Vicesimus Quintus Annus*. Disponível em: *A Santa Sé*, 4 de dezembro de 1988, acesso em 22 de julho de 2024, https://www.vatican.va/content/john-paul-ii/es/apost_letters/1988/documents/hf_jp-ii_apl_19881204_vicesimus-quintus-annus.html, n. 18.

[48] ORDENEZ, Marco. *La piedad popular a la luz de Aparecida*. Conferência no Encontro Regional sobre Piedade Popular do Cone Sul em Atyra (Paraguai), de 24 a 28 de maio de 2010. Documento pdf, p. 5-6. Disponível em: celam.org, acesso em 22 de julho de 2024, http://www.celam.org/Images/img_noticias/doc14d9cc46816841_06042011_252pm.pdf

O **Diretório sobre a Piedade Popular e a Liturgia**[49], lançado pela Congregação para o Culto Divino e a Disciplina dos Sacramentos em dezembro de 2001, ocupou-se dessas questões.[50] Embora publicado há muitos anos, esse valioso documento ainda é pouco conhecido no Brasil. Nele se encontra uma reflexão equilibrada sobre a forma adequada de relacionar essas duas dimensões do culto mariano: a liturgia e a piedade popular, pois ambas são fonte de autêntica espiritualidade.

Para se conseguir "uma rica e harmoniosa espiritualidade", recomenda o documento, deve-se dar importância à **formação adequada** dos agentes pastorais, leigos e clérigos, no que se refere à piedade popular, superando assim o desequilíbrio ou tensão que muitas vezes se dá com as formas do culto litúrgico. "Realmente, visto que a vida espiritual não se esgota, com a participação na liturgia, limitar-se exclusivamente à educação litúrgica não preenche todo o campo do acompanhamento e do crescimento espiritual. Além do mais, a ação litúrgica, em especial a participação na Eucaristia, não pode penetrar em uma vida carente de oração pessoal e de valores comunicados pelas formas tradicionais de piedade do povo cristão" (n. 59).

---

[49] CONGREGACIÓN PARA EL CULTO DIVINO Y LA DISCIPLINA DE LOS SACRAMENTOS. *Directorio sobre la Piedad Popular y la Liturgia*. Disponível em: *A Santa Sé*, 17 de dezembro de 2001, acesso em 22 de julho de 2024, http://www.vatican.va/roman_curia/congregations/ccdds/documents/rc_con_ccdds_doc_20020513_vers-direttorio_sp.html

[50] Um ótimo estudo sobre o tema: cf. GONZÁLEZ, Ramiro. "Relação entre piedade popular e liturgia: a partir do Diretório da Congregação para o Culto". In: GONZÁLEZ, Ramiro. *Piedade Popular e Liturgia*. São Paulo: Loyola, 2007, p. 105-115. O livro todo é altamente recomendável, pois traz muitas reflexões atuais sobre a relação em questão.

E adverte para as **consequências de uma desvalorização** pastoral dessas práticas populares: "A volta própria de nossos dias a práticas 'religiosas' de procedência oriental, com diversas reelaborações, é uma amostra de um desejo de espiritualidade do existir, sofrer e partilhar. As gerações pós-conciliares – segundo os diversos países – não têm experiência das formas de devoção que tinham as gerações anteriores: por isso a catequese e as atividades educativas não podem descuidar, ao propor uma espiritualidade viva, a referência ao patrimônio que representa a piedade popular, especialmente os exercícios de piedade recomendados pelo Magistério" (n. 59).

O documento indica que essas práticas devocionais estão **carregadas de experiências espirituais** e devem refletir "aspectos da espiritualidade de nossos dias" (n. 75), como por exemplo, no valor da "espiritualidade do dom, própria do Natal" (n. 108), na Via-Sacra adequada para o tempo da Quaresma (n. 133), na celebração de Santa Maria no sábado (n. 188), nas práticas de consagração a Nossa Senhora recomendada por grandes mestres de espiritualidade (n. 204), no uso do escapulário, próprio da espiritualidade carmelita (n. 205) e em tantas outras formas de devoção, especialmente as marianas (rosário, ladainhas, medalhas, orações marianas etc.). Fala ainda do sentido espiritual da produção iconográfica (n. 243) e da prática das peregrinações aos diferentes santuários e lugares de devoção, que o texto descreve como uma verdadeira "espiritualidade da peregrinação" (n. 286), com suas diferentes dimensões, que marcam um caminho espiritual: escatológica, penitencial, festiva, cultual, apostólica e de comunhão.

O diretório **estimula** os fiéis a cultivarem sua espiritualidade pessoal e comunitária por meio das **práticas devocionais marianas**: "A Igreja mesma exorta todos os seus filhos – ministros sagrados, religiosos, fiéis leigos – a alimentar sua piedade pessoal e comunitária também com exercícios de piedade, que aprova e recomenda. O culto litúrgico, não obstante sua importância objetiva e seu valor insubstituível, sua eficácia exemplar e seu caráter normativo, não esgota todas as possibilidades de expressão da veneração do povo de Deus à Santa Mãe do Senhor" (n. 183).

Indica ainda que a **diretriz fundamental** do Magistério em relação aos exercícios de piedade é que possam reconduzir ao "leito do único culto que justa e merecidamente se chama cristão, porque em Cristo tem sua origem e eficácia, em Cristo encontra plena expressão e por meio de Cristo conduz no Espírito ao Pai" (n. 184). Por isso devem expressar a dimensão trinitária e eclesial, e recorrer sempre à Sagrada Escritura, entendida no sentido da Sagrada Tradição. Nesse contexto, fala-se da dimensão pneumatológica dos exercícios de piedade, "porque toda autêntica expressão de piedade vem do Espírito e no Espírito se consuma" (n. 184), reforçando o que se diz aqui do culto mariano como fonte de espiritualidade.

A importância dessas devoções marianas se deve ainda ao fato de que são, "por uma parte, fruto e expressão da piedade mariana de um povo ou de uma comunidade de fiéis, e por outra, às vezes, são causa e fator não secundário da 'fisionomia mariana' dos fiéis, do 'estilo' que adquire a piedade dos fiéis para com a Virgem Santíssima" (n. 183).

5. Culto mariano na espiritualidade latino-americana

No continente em que vivemos, essa realidade é especialmente perceptível. A presença de Maria na vida espiritual dos povos latino-americanos mergulha suas raízes na **história da evangelização** do continente, tornando-se um traço muito forte dessa religiosidade: a encarnação do Evangelho em nossa cultura se dá com uma **forte modalidade mariana**.

Na já mencionada memorável homilia, no Santuário de N. Sra. de Zapopán, por ocasião de sua visita ao México para a III Conferência do CELAM, o Papa João Paulo II afirmou que não se pode identificar essa piedade popular com "um sentimento vago, destituído de sólida base doutrinal como se constituísse forma inferior de manifestação religiosa", como se fosse algo próprio para as massas incultas, necessitadas de consolos religiosos e propensas a expressões primitivas, próximas à magia, superstição e feitiçaria. Também não se pode confundir com um sentimento religioso esporádico. Pelo contrário, essa piedade popular é, explica o Papa, "como que a expressão verdadeira da alma de um povo, ao ser tocada pela graça e forjada pelo encontro feliz entre a obra de evangelização e a cultura local [...]. É a maneira como esses prediletos do Senhor vivem e traduzem, em suas atitudes humanas e em todas as dimensões da vida, o mistério da fé que receberam".[51]

Inspirado pelos impulsos do Papa, o **Documento de Puebla** (DP) faz uma reflexão primorosa sobre a *religiosidade popular*. Explica que esse tipo de religiosidade está carregado de expressões culturais particulares, que devem ser reconhecidas como expressões de fé válidas e valiosas: "Entendemos por religião do povo, religiosidade popular ou piedade popular o conjunto de crenças profundas marcadas por Deus, das atitudes básicas que derivam dessas convicções e as expressões que as manifestam. Trata-se da forma ou da existência cultural que a religião adota em um povo determinado. A religião do povo latino-americano, em sua forma cultural mais característica, é expressão da fé católica. É um catolicismo popular" (DP 444).

Puebla constata ainda que "a piedade mariana é, com frequência, o vínculo resistente, que mantém fiéis à Igreja setores que carecem de atenção pastoral adequada" (DP 284). Portanto, desprezo e ataque a formas de piedade mariana não constituem um serviço à evangelização, porque enfraquecem esse "vínculo resistente" de identificação com a Igreja. Muitas expressões dessa religiosidade necessitam de **purificação e renovação**, mas isso não deve dar-se pela supressão ou rejeição, mas pelo esforço firme e sábio de dar novo espírito a formas antigas. Trata-se de uma **pedagogia pastoral mariana**, que leva a um processo de "reinformação catequética" (DP 457) e conduz ao fortalecimento e à pro-

[51] JOÃO PAULO II. Homilia no Santuário de N. Sra. de Zapopán, n. 2.

moção da piedade mariana, pois, senão, se produzirá um vazio que será ocupado pelas seitas, pelos messianismos políticos, pelo consumismo e o pansexualismo (cf. DP 469).

Os bispos latino-americanos, em Puebla, perceberam que deviam colocar **Maria no centro** da tarefa presente e futura da Igreja: a evangelização renovada do homem e de nossos povos. Enfatizaram a necessidade de **evangelizar a cultura** e de **ter modelos exemplares** que encarnem os valores evangélicos, valores estes que se acham sintetizados em Maria. Por isso concluem que uma Igreja, que "quer evangelizar no fundo, na raiz, na cultura do povo, volta-se para Maria". Para isso imploram um "novo Pentecostes", que Maria presida "com sua oração, sob o influxo do Espírito Santo", pois, no peregrinar da Igreja, Ela é a "estrela da evangelização sempre renovada" (DP 303).

O **Documento de Aparecida** (DA) continua na mesma linha, recordando que um dos lugares privilegiados do encontro com Cristo é a piedade popular (cf. DA 258-265), e em particular o vínculo filial a Maria (cf. DA 266-272). Ela é Mãe, **discípula e missionária**, modelo exemplar do seguimento de Cristo e esperança da Igreja. Ela gera um profundo vínculo de comunhão e a permanência na "escola de Maria" ensina aos discípulos missionários um modo de viver a Palavra de Deus. O texto tem um rico conteúdo fundamentado na renovação bíblico-litúrgica do culto mariano. Na mesma perspectiva, a profunda devoção mariana de nossos povos é uma terra fértil para o desenvolvimento da espiritualidade cristã.[52]

6. Papa Francisco e o valor da espiritualidade popular mariana

O Papa Francisco, primeiro Papa latino-americano, cresceu nesse ambiente e foi formado teologicamente em uma escola que soube valorizar o culto e a piedade mariana, como tive ocasião de demostrar em um livro que recolhe uma entrevista que me concedeu para falar sobre sua relação com Nossa Senhora.[53] Preocupado com o divórcio entre teologia e espiritualidade ou entre pastoral e espiritualidade, o Papa Bergoglio consegue unir essas dimensões em sua vida e em sua pregação.

Por isso, em sua Exortação Apostólica **Evangelii Gaudium** (EG), que constitui praticamente seu "programa de governo", Francisco dedica vários parágrafos à "força evangelizadora da piedade popular" (n. 122-128). Como em Puebla, sua reflexão parte do **elemento cultural**: o Evangelho se incultura em cada povo, que é criador de sua cultura e protagonista de sua história. Nesse processo de transmissão cultural, também a fé é transmitida de maneira sempre renovada pela ação do Espírito Santo. Por isso ele considera a piedade popular "verdadeira expressão da atividade missionária

---

52 Cf. AWI MELLO, Alexandre. *Maria discípula missionária do Senhor*. Brasília: CNBB, 2017.

53 AWI MELLO, Alexandre. *Ela é minha mãe!* Encontros do Papa Francisco com Maria. São Paulo: Loyola, 2014.

espontânea do povo de Deus. Trata-se de uma realidade em permanente desenvolvimento, cujo protagonista é o Espírito Santo" (EG 122). Daí que "na piedade popular, pode-se captar a modalidade em que a fé recebida se encarnou em uma cultura e continua a transmitir-se" (EG 123).

Na exortação, Francisco recorda o impulso dado por seu antecessor Paulo VI, no processo de revalorização da piedade popular, no período posterior ao Concílio, citando EN 48 (cf. EG 123). O atual Papa faz ainda uma referência explícita ao documento conclusivo da V Conferência do CELAM, que ele ajudou a escrever, destacando a ação do Espírito Santo na piedade popular: "No Documento de Aparecida, descrevem-se as riquezas que o Espírito Santo explicita na piedade popular por sua iniciativa gratuita" (EG 124). E chama a atenção sobre as **expressões usadas** pelo documento para se referir à piedade popular: "os Bispos chamam-na também 'espiritualidade popular' ou 'mística popular'". E continua: "Trata-se de uma verdadeira 'espiritualidade encarnada na cultura dos simples'. Não é vazia de conteúdos, mas descobre-os e exprime-os mais pela via simbólica do que pelo uso da razão instrumental e, no ato de fé, acentua mais o *credere in Deum* que o *credere Deum*. É 'uma maneira legítima de viver a fé, um modo de se sentir parte da Igreja e uma forma de ser missionários'; comporta a graça da missionariedade, do sair de si e do peregrinar" (EG 124).

Francisco confirma essa afirmação com alguns **exemplos do culto popular mariano**: "Penso na fé firme das mães ao pé da cama do filho doente, que se agarram a um terço ainda que não saibam elencar os artigos do Credo; ou na carga imensa de esperança contida em uma vela que se acende, em uma casa humilde, para pedir ajuda a Maria" (EG 125). Essas expressões de fé mariana são obra do Espírito Santo, portanto, fonte de autêntica espiritualidade, pois "são a manifestação de uma vida teologal animada pela ação do Espírito Santo, que foi derramado em nossos corações (cf. Rm 5,5)" (EG 125). Por isso ignorar a piedade popular "seria ignorar a obra do Espírito Santo", continua o Pontífice. Pelo contrário, "somos chamados a encorajá-la e fortalecê-la para aprofundar o processo de inculturação, que é uma realidade nunca acabada. As expressões da piedade popular têm muito que nos ensinar e, para quem as sabe ler, são um lugar teológico a que devemos prestar atenção particularmente na hora de pensar a nova evangelização" (EG 126).

Efetivamente, uma das novidades nas expressões usadas pelo Documento de Aparecida, que não passou desapercebida para alguns estudiosos, foi a de se referir à piedade popular como uma "**espiritualidade popular**" (DA 263). Dom Marco Ordenes, que foi Bispo de Iquique (Chile) e responsável pela seção do CELAM "Piedade Popular e Santuários", diz que Aparecida considerou a piedade popular como uma "legítima forma de espiritualidade". Pela primeira vez, diz ele, fez-se da piedade popular um elemento **importante para a compreensão da vida espiritual cristã**: "Ao refletir sobre os textos de Aparecida, nós nos encontramos com uma grande novidade em suas expressões ao se referir a ela como 'espiritualidade popular'. Não nos enganamos ao afirmar que este novo olhar constitui uma contribuição iluminadora no caminho do futuro para a vida pastoral da mesma Igreja na América Latina e no Caribe, pois podemos dizer que, pela primeira vez, se faz dela uma compreensão na noção mesma da vida espiritual da comunidade crente." [54]

Dom Ordenes recorda que na Igreja existe uma única espiritualidade, a cristã, a partir da qual, segundo os acentos de cada tempo e as experiências de cada grupo, surgem espiritualidades mais particulares, mas que partilham os mesmos elementos fundamentais. Por isso, quando Aparecida fala de "espiritualidade popular", não quer descobrir uma nova forma de espiritualidade, mas descobre **na piedade popular os elementos da espiritualidade e da mística cristã**. Analogamente, quando na Igreja se fala de espiritualidade mariana, destaca-se a dimensão mariana de toda espiritualidade cristã. Johann Roten, um dos principais mariólogos da atualidade, explica que a espiritualidade mariana não é uma entre outras, pois **toda espiritualidade cristã** guarda o **selo indelével do espírito mariano**.[55] Ou, como disse Urs von Balthasar, um dos maiores teólogos do século XX: "Nenhuma espiritualidade aprovada pela Igreja pode permitir-se pretender chegar a

---

[54] ORDENEZ, Marco. *La piedad popular a la luz de Aparecida*. Conferência no Encontro Regional sobre Piedade Popular do Cone Sul em Atyra (Paraguai), de 24 a 28 de maio de 2010. Documento pdf, p. 5. Disponível em: www.celam.org, acesso em 22 de julho de 2024, http://www.celam.org/Images/img_noticias/doc14d9cc46816841_06042011_252pm.pdf

[55] Cf. ROTEN, Johann. How can spirituality be Marian? In: The Marian Dimension of Christian Spirituality. *Marian Studies*, vol. LII (2001), p. 7-52. Aqui: p. 52.

Deus passando ao lado deste modelo de perfeição cristã e não sendo também mariana"[56]. Esta percepção parece conatural ao *sensus fidelium* do povo cristão, que está na base das práticas de culto a Nossa Senhora como expressões de autêntica espiritualidade cristã.

O teólogo argentino Enrique Bianchi, muito estimado pelo Papa Francisco, refere-se à "espiritualidade popular" como o "tesouro escondido de Aparecida"[57]. Em um artigo muito iluminador, o autor percorre a **evolução da compreensão da religiosidade popular** no magistério latino-americano recente. Medellín percebe nesta religiosidade "sementes do Verbo", Puebla reconhece nela "frutos do Evangelho" e Santo Domingo a vê como "expressão da inculturação do Evangelho". Aparecida, porém, como o Papa Francisco destacou na EG, encara essa piedade como autêntica forma de **espiritualidade ou mística popular**. A primeira expressão aparece cinco vezes no documento conclusivo e a segunda, uma vez. E explica: "Ao falar de espiritualidade popular [Aparecida] nos chama a atenção sobre o fato de que este modo de viver a fé é uma verdadeira espiritualidade, como outras que se tem dado na história da Igreja."[58] Faz referência ainda a uma afirmação de outro teólogo argentino, o atual Cardeal Victor Fernandez, Prefeito do Dicastério para a Doutrina da Fé. Em Aparecida, ele foi um dos peritos que declaradamente participaram na re-

---

[56] RATZINGER, Joseph; BALTHASAR, Hans Urs von. *Maria, primeira Igreja*, p. 120.

[57] BIANCHI, Enrique. El tesoro escondido de Aparecida: espiritualidad popular. *Revista Teología*. Tomo XLVI. N. 100, dez/2009, p. 557-577.

[58] BIANCHI, Enrique. El tesoro escondido de Aparecida: espiritualidad popular, p. 570.

dação desta parte do documento. Ele dá testemunho de que se quis "mostrar que a piedade popular não é algo superficial, mas tem a seu modo tudo o que hoje se pede a um cristão amadurecido pela graça: fé, eclesialidade, celebração, missão, oração pessoal, etc.".[59]

Bianchi destaca ainda que a expressão **mística popular** foi introduzida na reflexão teológica pelo argentino Jorge Seibold.[60] No contexto da presente reflexão sobre o culto mariano como fonte de espiritualidade, esta expressão tem grande significado. "Olhar a experiência religiosa do povo em chave mística nos leva a considerar os aspectos de vida mística que tem a fé do povo. Nas devoções populares, pode-se ver com frequência o cristão diante do mistério, em uma contemplação profunda, acompanhada de gestos místicos, como o tocar ou o beijar a imagem religiosa", explica Bianchi. Constata-se assim a profunda espiritualidade que se encontra por trás das expressões do culto popular, pois "o sentimento religioso, tão importante na vida dos místicos, é também um elemento essencial da experiência religiosa popular". O autor recorda que Aparecida não desenvolve o termo "mística popular", limitando-se a mencioná-lo, introduzindo-o assim na reflexão magisterial e propondo-o ao mundo teológico para seu amadurecimento. Mas, pelo menos, descreve assim "a experiência popular com um tom místico nunca antes utilizado"[61].

---

[59] Entrevista a Victor Fernandez *apud* BIANCHI, Enrique. El tesoro escondido de Aparecida: espiritualidad popular, p. 570.

[60] Cf. SEIBOLD, Jorge. *La mística popular*. México: Buena Prensa, 2006.

[61] BIANCHI, Enrique. El tesoro escondido de Aparecida: espiritualidad popular. *Revista Teología*. Tomo XLVI. N. 100, dez/2009, p. 571.

7. A modo de conclusão: culto mariano como mística cristã

O toque místico das expressões populares é especialmente significativo quando se trata da devoção mariana. O povo cristão – e com ele, o Papa Francisco – conhece bem **a lógica do amor e da espiritualidade** que está por trás do culto a Maria. No trato com Ela, é necessário ouvir "as razões do coração", aquelas "que a própria razão desconhece" (Blaise Pascal), mas que não por isso são menos racionais. Em sua "Introdução à Mariologia", Clodovis Boff descreve o "estilo de racionalidade em Mariologia"[62]. Esta é primeiramente uma "Mari-eulogia", um louvor a Maria. Antes de ter sido pensada, Maria foi amada, louvada e rezada, pois "em Mariologia, a experiência precede amplamente o discurso", já que "a incubadora da Mariologia foi o coração e não o cérebro"[63]. Assim se entende por que na espiritualidade mariana se fala a linguagem cavalheiresca e apaixonada do amor generoso e sem limites. É a linguagem do *pathos* (do sentimento), mais que do *logos* (da razão), como explica Leonardo Boff.[64] Os místicos compreendem bem essa linguagem.

Esse foi o caminho na história da Igreja e é o percurso da devoção mariana até hoje, o sendeiro percorrido por aqueles pobres, de coração simples. A senda trilhada pelo povo, na qual a experiência amorosa pre-

---

62 BOFF, Clodovis. *Introdução à Mariologia*, p. 22-27.

63 BOFF, Clodovis. *Introdução à Mariologia*, p. 24.

64 Cf. BOFF, Leonardo. *O rosto materno de Deus*. Petrópolis: Vozes, 1979, p. 215-216.

cede o discurso. Esta é também a **linguagem da piedade popular** que o Papa Francisco, que ama Maria com coração de povo, tem ensinado à Igreja, mais por seus gestos que por suas palavras. Sua perspectiva está marcada pela assim chamada "teologia do povo", como pude demonstrar recentemente[65]. Sua reflexão parte, porém, não da teologia ou da teoria, mas dos encontros concretos com a fé popular e de suas próprias experiências espirituais, como acontece na vida dos místicos.

O acesso do Papa Francisco ao mundo dos pobres passa por sua experiência de encontro com eles e a forte espiritualidade que eles carregam consigo. Uma **mística popular**, que não é exclusividade dos pobres, mas está muito marcada e é muito acentuada neles, repleta de sinais e valores da cristandade latino-americana, centrada – em palavras de Lúcio Gera, um dos teólogos inspiradores do Santo Padre – pelos Cristos que sangram e pelas imagens gloriosas da Virgem Maria, que são sinais da Páscoa cristã. Uma mística que conduz ao compromisso social de serviço à libertação e à promoção do povo sofrido e marginalizado.[66]

Ao final desta reflexão sobre o culto mariano – expressado na liturgia, mas também em especial nas formas de piedade popular – pode-se afirmar que este é **fonte de autêntica espiritualidade** e, por que não dizer, de verdadeira **mística cristã**. Essa verdade foi

---

65 Cf. AWI MELLO, Alexandre. *Ela é minha mãe!* Encontros do Papa Francisco com Maria, p. 100-109.

66 Para a relação do Papa Francisco com os pobres e a espiritualidade popular: cf. AWI MELLO, Alexandre. *Ela é minha mãe!* Encontros do Papa Francisco com Maria, p. 88-98.

aparecendo com cada vez mais clareza nos documentos do magistério eclesial, em especial nas Conferências do CELAM, no Diretório sobre Piedade Popular e Liturgia e, mais recentemente, nas afirmações do Papa Francisco.

Concluo estas linhas com as palavras do já mencionado mariólogo Luigi Gambero, que há muitos anos já discorria justamente sobre o valor do culto a Maria para o desenvolvimento da espiritualidade cristã: "O culto mariano, portanto, quando corretamente entendido e praticado, torna-se um itinerário grandemente favorável ao crescimento espiritual dos crentes. Não pode haver vida cristã autêntica que não seja também vida mariana. Regra que vale para todos os tempos".[67]

---

[67] GAMBERO, Luigi. *Culto*. In: FIORES, Stefano; MEO, Salvatore. Dicionário de Mariologia. São Paulo: Paulus, 1995, p. 356-369. Aqui: p. 369.

6
As relações do jovem da geração atual com Maria: Valores e Contravalores

Prof. Me Vinícius Paiva[1]

Introdução

Este capítulo vai tratar sobre a relação dos jovens da geração atual com Maria, com seus valores e contravalores. Ele está dividido em três partes. Na primeira parte (Jovens de Maria), falaremos da experiência que os jovens estabelecem com Maria e dos valores que se constituem marcas essenciais da juventude. Na segunda parte (Jovens *On life*), a análise se deterá predominantemente sobre os desafios que os jovens da atualidade enfrentam em

[1] Leigo, pai de família, economiário com formação em Gestão de Pessoas e MBA em Transformação digital. Bacharel em Teologia com especialização em Mariologia e Doutrina Social da Igreja. Fundador da Associação Missionária Servos de Maria de Caná, professor na Pós-Graduação de Mariologia e assessor teológico da Academia Marial de Aparecida. Mestre e doutorando em Teologia Sistemática pela PUCRS.

uma sociedade subjetiva, fragmentada, interativa e conectada. Na terceira parte (Jovens em ação), o esforço será de oferecer reflexões teológicas que favoreçam o protagonismo profético dos jovens na Igreja e no mundo.

Por se tratar de um tema transversal, antes de propor qualquer sistematização, faz-se necessário partir da realidade tal qual ela se apresenta diante de nossos olhos. Nunca devemos nos esquecer de que a palavra "juventude" é uma abstração. A juventude não existe, o que existe são jovens concretos, provenientes das mais diferentes realidades. A análise que passamos a fazer tem o intuito de nos aproximar desse fenômeno existencial, sobre o qual a Igreja do século XXI não pode deixar de considerar, em sua missão evangelizadora, quer seja porque tal missão se destine também aos jovens ou ainda que dependa deles.

1. Jovens de Maria

Experiência Marial

A relação dos jovens com Maria, a Mãe de Jesus, é um assunto que sempre deveria estar na pauta do dia, já que cada geração encontra, em sua própria jornada, um caminho próprio para se aproximar de Maria, figura importante para a fé cristã e religiosidade do povo de Deus. Desde os primeiros séculos, a Virgem Maria tem sido relembrada de forma constante na vida da Igreja, sendo venerada como a Mãe de Deus (*Theotokos*), mas também como modelo de virtude, coragem e obediência. Para os jovens católicos, Maria não é apenas uma personagem histórica do cristianismo, mas uma pessoa que, ainda hoje, está presente em suas vidas e fala profundamente a seus corações, especialmente nos momentos de incerteza e busca da realização pessoal.

Ao refletirmos sobre a conexão entre Maria e a juventude católica, precisamos levar em conta as mudanças culturais e tecnológicas que têm moldado a experiência dos jovens, em geral, nas últimas décadas. A geração atual vive em um mundo altamente conectado, onde as distâncias físicas são reduzidas pela tecnologia e as influências culturais se mesclam de forma mais acelerada do que nunca. Nesse cenário, Maria continua sendo uma referência atemporal, mas é necessário que os jovens redescubram seu papel e significado à luz dos novos desafios. Como lideranças pastorais, nossa missão é facilitar esse processo de redescoberta, garantindo que os jovens possam ver em Maria não apenas alguém que está presente no Credo, mas uma verdadeira mãe presente no hoje da história.

Esse processo de redescoberta, no entanto, não deve ser imposto ou superficial. Deve ser um convite para que cada jovem explore, por si mesmo, o significado de Maria em sua caminhada existencial. Como pais e mestres na fé, devemos agir com sabedoria, desconstruindo conceitos e preconceitos, mas ajudando a reconstruir uma compreensão mais sólida e profunda a respeito, não só de Maria, mas de toda a fé cristã. Nenhuma experiência é vazia, nenhuma pergunta é sem importância. Os jovens merecem nosso olhar atento e cuidadoso, um olhar que respeite, por exemplo, o desejo de santidade, mas que reconheça igualmente as limitações e os diferentes níveis de maturidade.

Gosto de usar uma expressão que, para mim, resume um pouco dessa relação dos jovens com Nossa Senhora: "experiência marial". E digo logo que, apesar de estarmos refletindo sobre a juventude, a experiência marial pode ser vivenciada em todas as idades, pois refere-se a um convívio íntimo e pessoal com a Virgem Maria, que transcende o simples ato cúltico da veneração. Maria, por meio das mariofanias – suas manifestações ao longo da história –, oferece ao mundo uma presença constante, um lembrete de que Deus está conosco. No entanto, a experiência marial não está limitada a eventos extraordinários. Ela também se manifesta nas pequenas devoções diárias, nos momentos de oração, em que os jovens pedem sua intercessão e, principalmente, na maneira como Maria os inspira a seguir Jesus com mais determinação e fé.

A devoção a Nossa Senhora é uma experiência universal, mas também profundamente pessoal. Para muitos jovens, ela possui uma função materna, alguém que entende suas lutas e oferece consolo. Em um mundo marcado pela rapidez das interações digitais e pela superficialidade dos relacionamentos virtuais, a Virgem Maria surge como um ponto de estabilidade, um porto seguro com o qual se pode estabelecer uma relação filial autêntica. No entanto, é fundamental que essa devoção não seja diluída ou reduzida a gestos simbólicos vazios. A experiência marial deve ser uma jornada de fé que transforme a vida dos jovens, ajudando-os a descobrir quem realmente são e qual o chamado de Deus para suas vidas. Uma autêntica experiência marial tem o poder de transformar a vida pessoal, eclesial e até mesmo a sociedade em que se vive.

Força Vocacional

A juventude é uma fase marcante da vida, repleta de descobertas e desafios, e é durante essa fase que muitos tomam decisões que moldarão o futuro para sempre. A Igreja sempre olhou para os jovens com esperança, reconhecendo neles uma força única, não apenas física, mas também espiritual. São João, em sua primeira carta, traduz esse sentimento ao dizer: "Jovens, eu vos escrevi, porque sois fortes, a Palavra de Deus permanece em vós e vencestes o Maligno" (1Jo 2,14b). A força que João menciona não é apenas uma questão de energia juvenil, mas uma força que surge da intimidade com Deus e da fidelidade a sua Palavra.

Essa força, que caracteriza a juventude, é muitas vezes percebida pelos jovens, em momentos de discernimento vocacional. É nesse período da vida que muitos começam a se questionar sobre o sentido dos acontecimentos e sua missão no mundo, buscando entender o que Deus espera deles. A experiência do discernimento é sempre acompanhada por um misto de incertezas e esperanças, e é nesse contexto que Maria se apresenta como um modelo inspirador. Ela, ainda jovem, enfrentou o maior desafio de sua vida, ao aceitar a missão de ser a mãe do Salvador. Seu "sim" (Lc 1,38) não foi um ato impulsivo ou inconsequente; foi um ato de profunda confiança em Deus, mesmo sem compreender completamente os desígnios divinos.

Para os jovens de hoje, a vocação muitas vezes é vista como um caminho cheio de bifurcações e possibilidades. Muitos se perguntam se estão no caminho certo, se suas escolhas realmente correspondem ao plano de Deus para suas vidas. A pergunta que a menina de Nazaré fez ao anjo do "como se fará isso?" (Lc 1,34) encontra ressonância entre a juventude católica. É importante lembrar que o discernimento vocacional não é um processo rápido nem fácil. É um caminho que exige paciência, oração e abertura ao Espírito Santo. A força da juventude, então, revela-se não apenas na capacidade de tomar decisões ousadas, mas também na coragem de fazer perguntas a Deus, esperando e confiando em seus sinais, como fez Maria de Nazaré.

Em minha própria experiência, o discernimento vocacional foi um processo que exigiu tempo e reflexão. Passei dois anos no seminário, buscando entender se o sacerdócio era minha vocação. No entanto, ao longo desse tempo, fui percebendo que minha verdadeira vocação era o matrimônio, uma vocação que me trouxe imensa alegria e realização. Hoje, sou profundamente realizado como leigo e pai de família (pai de cinco filhos). Assim como Maria, que disse "sim" ao plano de Deus para sua vida, os jovens são chamados a descobrir e abraçar sua vocação com coragem e fé. Esse processo de discernimento precisa ser, na medida do possível, acompanhado pela Igreja, para que possa gerar pessoas maduras na fé e na vida.

A força vocacional da juventude também se manifesta em sua capacidade de inspirar e liderar outros. Em um mundo onde tantas vozes competem por atenção, os jovens que se entregam a Deus têm o poder de se destacar como verdadeiros líderes eclesiais. A juventude não é apenas uma fase de transição; é um tempo de decisão, de ação e de compromisso com o Reino de Deus. Ao seguir o exemplo de Maria, os jovens podem encontrar a força de que precisam para dizer "sim" ao chamado de Deus em suas vidas. É inegável a capacidade criativa dos jovens, que sempre estão dispostos a fazer o necessário para implementarem projetos sociais e de evangelização. Essa "força" não pode ser ignorada, reprimida ou desprezada pela Igreja do século XXI.

Juventude Mariana

A devoção a Maria entre os jovens é uma realidade que se manifesta de muitas formas. Desde as peregrinações marianas até os grupos de oração que se reúnem em sua honra, a juventude mariana tem sido um movimento crescente, especialmente nas últimas décadas. Em um mundo onde os jovens são constantemente bombardeados com imagens e mensagens que promovem valores contrários ao Evangelho, Maria surge como um exemplo de pureza, humildade e coragem a ser seguido. Não podemos deixar de observar certa ideologização da figura de Maria como símbolo de um catolicismo neoconservador, mas também não podemos ignorar o fato de que a maioria dos jovens marianos se compromete com uma vida ética e testemunhal. Uma prática devocional que exemplifica bem esse estado de espírito da juventude mariana é a "consagração" a Maria.

No entanto, é importante reconhecer que "juventude" não é uma categoria homogênea. Há diversas "juventudes", cada uma com suas próprias particularidades e formas de vivenciar a fé. Assim, quando falamos da juventude mariana, estamos nos referindo a um conjunto diversificado de jovens que, em diferentes contextos culturais e sociais, encontram em Maria uma fonte de inspiração. Essa diversidade é uma riqueza, mas também um desafio, pois exige que a Igreja esteja atenta às diferentes maneiras pelas quais os jovens expressam sua devoção a Maria. Mesmo quando se trata da consagração a Maria, há diferentes fórmulas de consagração, como por exemplo, a consagração pelo método de São Luís Maria Grignion de Montfort, a consagração à Imaculada, inspirada em São Maximiliano Maria Kolbe, entre outras.

Por isso é importante que essa devoção a Maria seja sempre orientada de maneira saudável e profunda. Em alguns ambientes eclesiais, há o risco de a devoção mariana se tornar algo puramente emocional ou sentimentalista, sem um verdadeiro compromisso com a vida cristã. A verdadeira devoção a Maria, no entanto, vai além das emoções momentâneas. Ela envolve uma imitação de suas virtudes, especialmente sua fé, humildade, obediência e sua total entrega ao plano de Deus. Para os jovens, Maria deve ser uma figura que os desafie a viver a fé de forma autêntica. Seu exemplo nos ensina que a verdadeira grandeza está em servir, e que a verdadeira liberdade está em obedecer a Deus. Em um mundo onde os jovens são frequentemente incentivados a buscar o sucesso material e a satisfação pessoal, Maria nos lembra que o verdadeiro sentido da vida está em fazer a vontade de Deus e amar todos com generosidade.

A juventude mariana é, portanto, um dínamo de renovação espiritual que tem o potencial de transformar o mundo. Ao seguir o exemplo de Maria, os jovens podem encontrar a força de que precisam para resistir às pressões sociais para viverem de acordo com o Evangelho. Eles são chamados a ser, como Maria, instrumentos nas mãos de Deus, levando a luz de Cristo a todos os cantos do planeta. Mas é preciso que a Igreja abra espaço para que esses jovens de Maria desenvolvam aquilo que o Espírito Santo os motiva a fazer. Olhando para a história, o que seria da Igreja sem os jovens? O próprio mistério da Encarnação passou pelas mãos e pela vida de uma adolescente: a jovem de Nazaré.

A jovem Maria

Maria, a jovem de Nazaré, é o grande modelo para a juventude de todos os tempos. Papa Francisco, na Exortação apostólica pós-sinodal *Christus Vivit*, direcionada aos jovens, mas também a todo o Povo de Deus, diz que Maria é "o grande modelo para uma Igreja jovem que quer seguir a Cristo com frescor e docilidade" (CV 43). Sua história nos ensina que, mesmo em meio às incertezas, podemos confiar plenamente em Deus. Quando o anjo Gabriel lhe anunciou que seria a Mãe do Salvador, Maria não tinha todas as respostas, mas tinha a fé necessária para dizer "sim" ao projeto divino (Lc 1,38). Essa atitude de entrega total é algo no qual os jovens de hoje podem e devem inspirar-se. Em um mundo, onde a indecisão e a insegurança são constantes, Maria nos mostra que a confiança em Deus é a chave para uma vida de propósito e realização. Mesmo tendo perguntado "como" se dariam as coisas (Lc 1,34), a resposta que o anjo lhe deu não explicava o "como", apenas o "quem" é que estaria por trás de tudo (Lc 1,35).

Para a juventude atual, que vive em um mundo cheio de pressões e expectativas, o exemplo de Maria é particularmente relevante. Muitas vezes, os jovens são bombardeados com mensagens que os pressionam a ter sucesso imediato, a fazer escolhas rápidas e a viver conforme os padrões que a sociedade estabelece. Nesse contexto, Maria oferece um exemplo diferente: ela nos ensina a esperar, a discernir com calma e a confiar no projeto salvífico de Deus, mesmo que esse projeto demore anos para se concretizar. É inegável a resiliência dessa jovem mulher diante dos percalços da vida, como por exemplo, quando teve de fugir para o Egito com o menino Jesus em seus braços, diante do iminente risco de morte (Mt 2,13-23). Ela poderia muito bem ter clamado por justiça e proteção divinas, mas preferiu confiar nas palavras de um anjo que havia lhe garantido que o Senhor estava com ela (Lc 1,28).

Maria também nos ensina a importância de correr riscos. Seu "sim" foi um ato de coragem que a colocou em uma situação de vulnerabilidade. Ela sabia que, ao aceitar ser a mãe de Jesus, estaria sujeita ao julgamento e à incompreensão por parte de alguns. No entanto, sua confiança em Deus foi maior do que qualquer medo ou dúvida. Isso é algo que os jovens de Maria precisam levar em consideração em suas próprias vidas. Se o medo do fracasso paralisa, Maria nos lembra que os maiores atos de fé e coragem acontecem quando estamos dispostos a sair da zona de conforto e confiar em Deus.

Em Caná (Jo 2,1-12), temos um exemplo de como Maria sai da zona de conforto e se põe a servir. Ela percebe a necessidade do casal e dos convidados, e, sem hesitar, intercede junto a seu filho Jesus. Esse episódio nos ensina que o verdadeiro poder de influência não é sobre ter seguidores, mas sobre estar atento às necessidades dos outros e agir com compaixão. A juventude, muitas vezes atraída pela ideia de ser influente nas redes sociais, precisa encontrar em Maria um exemplo de como usar a influência para o bem, de como, mesmo em pequenos gestos, poder fazer uma grande diferença na vida das pessoas que estão ao derredor, nas periferias existenciais, inclusive nas periferias digitais.

2. Jovens on life

Migração Digital

Na *Christus Vivit*, Papa Francisco adverte:

> A imersão no mundo virtual propiciou uma espécie de "migração digital", isto é, um distanciamento da família, dos valores culturais e religiosos, o que leva muitas pessoas a um mundo de solidão e autoinversão, até sentirem falta de raízes, embora fisicamente fiquem no mesmo lugar. A vida nova e transbordante dos jovens, que impele a buscar a afirmação da própria personalidade, enfrenta hoje um novo desafio: interagir com um mundo real e virtual no qual entram sozinhos como em um continente global desconhecido (CV 90).

A migração digital é um fenômeno que transformou radicalmente a maneira como os jovens interagem com o mundo e praticam sua fé. Hoje, a juventude vive em uma realidade "*on life*", onde a linha divisória entre o mundo físico e o digital praticamente não existe mais. Essa migração apresenta desafios únicos para a Igreja e para os próprios jovens, que precisam aprender a cultivar uma espiritualidade profunda em um ambiente muitas vezes superficial e fragmentado. Eu tenho afirmado que o mundo mudou de lugar. É como se estivéssemos todos conversando em uma sala e, de repente, o mundo em si nos deixasse falando sozinhos e resolvesse se deslocar para outro ambiente. Penso que talvez a estranheza dessa cena indique o momento disruptivo pelo qual estamos passando.

A geração atual cresceu em um mundo onde quase tudo está à disposição em um clique. Essa realidade trouxe inúmeras oportunidades, mas também criou uma cultura de imediatismo, onde o valor da paciência e da reflexão são frequentemente esquecidos. Existe uma falsa necessidade de "imediatização" em tudo que fazemos, que é reflexo direto da cultura digital, onde tudo está imediatamente disponível para consulta. Muitas vezes, os jovens esperam que na vida espiritual as coisas sigam no mesmo ritmo das redes digitais, onde respostas e soluções estão a um clique de distância, só que não é bem assim que as coisas de Deus "funcionam".

Na vida espiritual é diferente. O relacionamento com Deus exige tempo, espera e silêncio, coisas que muitas vezes parecem contradizer o ritmo frenético do mundo digital. O mundo digital, embora tenha seus aspectos positivos, como a capacidade de evangelizar em massa, também pode se tornar um obstáculo, se não for bem compreendida e equilibrada sua relação com uma vida espiritual profunda e reflexiva. É muito importante que a geração atual aprenda a usar o mundo digital de forma responsável e consciente. A Igreja, por sua vez, precisa estar presente nesses espaços, mas também deve guiar os jovens para que não se percam em uma vida superficial.

Maria, mais uma vez, torna-se uma referência inspiradora, já que ela é aquela que conservava e meditava tudo em seu coração (Lc 2,19). Se, por um lado, ela tinha pressa para servir (Lc 1,39), não tinha pressa para refletir. Ela, que viveu a simplicidade de Nazaré, soube fazer do silêncio sua oração cotidiana. Os jovens são chamados a seguir seu exemplo, aprendendo a encontrar momentos de pausa e reflexão, em meio ao ruído incessante das redes sociais. É preciso desconectar-se das redes para conectar-se com Deus. Imaginem se na porta do Céu houver um aviso: Proibido uso de celular! Pode ser que muitos desistam de entrar.

A presença da Igreja no ambiente digital é fundamental, mas é igualmente importante que ela ajude os jovens a criar uma distinção saudável entre o mundo digital e o mundo real. Isso significa promover práticas que incentivem a desconexão temporária, o cultivo da oração silenciosa e a participação em atividades que envolvam interações humanas genuínas. O acesso à tecnologia, quando bem orientado, pode ser uma ferramenta poderosa para o crescimento pessoal e espiritual, mas é necessário que os jovens não se tornem escravos dessa realidade paralela. Em vez de migrantes digitais, a Igreja precisa de missionários digitais.

Padrões Miméticos

As "relações miméticas" são um fenômeno antigo, mas que ganha uma nova perspectiva na geração atual. A juventude, sempre em busca de identidade e pertencimento, tende a imitar padrões de comportamento que são amplamente aceitos ou promovidos em um determinado meio social. Isso é particularmente verdadeiro no contexto digital, onde os "influenciadores" têm um poder imenso sobre as ações e os pensamentos dos jovens. Quanto mais seguidores uma pessoa tiver, uma "personalidade" mais importante ela será. Mas até que ponto não se corre o risco de estarmos diante daquilo que o próprio Jesus advertiu: cegos guiando outros cegos? (Mt 15,14) Uma mentira disseminada e acreditada por muitos não a torna verdade. Nem sempre o padrão que se repete é o normal, nem sempre o bem viraliza.

A cultura dos memes, que explodiu com o advento das redes sociais, é um exemplo claro de como os padrões miméticos funcionam. Um meme viraliza porque é repetido incontáveis vezes, criando uma corrente de repetições que podem se tornar nocivas para a saúde mental. No entanto, a repetição de padrões não é uma prática nova; ao longo da história, os jovens sempre buscaram figuras que pudessem imitar, sejam elas líderes espirituais, culturais ou sociais. O problema surge quando essa imitação se torna acrítica, e os jovens começam a adotar comportamentos ou disseminar opiniões sem refletir sobre suas consequências ou sobre se eles realmente estão alinhados com seus valores pessoais e espirituais.

Maria nos oferece um modelo alternativo de influência e comportamento. Ela, que influenciou o próprio Filho de Deus a realizar seu primeiro milagre (Jo 2,1-12), mostra-nos que a verdadeira influência não vem de uma posição de poder ou autoridade, mas de uma postura de serviço e de amor. Papa Francisco, durante a vigília com os jovens, na Jornada Mundial da Juventude, no Panamá, em 2019, disse que Maria é a *influencer* de Deus e repetiu isso na *Christus Vivit*, porque ela "não comprou um seguro de vida! Maria jogou-se e é por isso que é forte, por isso é uma influencer, é a influencer de Deus! O sim e o desejo de servir foram mais fortes que as dúvidas e dificuldades" (CV 44).

A juventude de hoje, bombardeada com padrões de comportamento que muitas vezes promovem a superficialidade, a competitividade e o individualismo, deve aprender com Maria que a verdadeira grandeza está em servir os outros e em viver com autenticidade. Seguir Maria não significa apenas imitar suas ações externas, mas adotar suas atitudes internas de fé, humildade e obediência a Deus. Para os jovens, isso é um desafio, pois o mundo a seu redor frequentemente os encoraja a buscar sucesso e realização imediatos. No entanto, Maria nos ensina que a vida mais significativa é aquela vivida em conformidade com a vontade de Deus, mesmo que isso signifique ir contra os padrões sociais dominantes.

Os jovens de hoje são chamados a discernir quais padrões de comportamento devem seguir e quais devem ser questionados. A vida não é um meme. Isso exige uma reflexão crítica sobre as influências às quais estamos expostos, tanto no mundo digital quanto no físico. A Igreja tem um papel maternal nesse processo, ajudando os jovens a desenvolverem uma capacidade de discernimento que lhes permita identificar os valores e contravalores, acolhendo aqueles genuinamente humanos e rejeitando aqueles que são contrários ao Evangelho de Cristo. Maria, como modelo de discernimento, é certamente um valioso auxílio nessa jornada.

"Algoritmo da Guarda"

A fé católica nos ensina que cada fiel dispõe de um anjo da guarda. Hoje, no entanto, essa função parece ter sido, em parte, assumida pelos algoritmos que nos acompanham o tempo todo, regendo e governando nossas interações digitais. As redes sociais, os motores de busca e as plataformas de streaming utilizam algoritmos para nos apresentar conteúdos que acreditam ser de nosso interesse. Embora isso possa ser útil, também cria um efeito bolha, em que os jovens são expostos apenas ao que já concordam ou ao que desperte interesse imediato.

Esse "algoritmo da guarda" funciona como um espelho digital, refletindo de volta aos jovens suas próprias preferências e comportamentos próprios. Embora isso possa parecer inofensivo, à primeira vista, tem consequências significativas para a formação espiritual e pessoal. Quando os jovens são expostos apenas ao que o algoritmo determina que é relevante para eles, correm o risco de se isolar em bolhas de pensamento, em que nunca são desafiados a pensar de maneira diferente ou a confrontar ideias novas. E pior: sequer percebem isso.

O perigo desse isolamento digital é que ele impede o crescimento pessoal e espiritual. A vida cristã é, por definição, uma jornada de constante transformação e Jesus nos chama a sair de nós mesmos, a amar o próximo e a abraçar a diversidade do Corpo de Cristo. No entanto, quando os jovens se deixam guiar exclusivamente pelos algoritmos, podem encontrar-se presos a um ciclo de reafirmação das mesmas ideias e dos mesmos comportamentos, sem espaço para o crescimento ou a mudança.

Maria, como modelo de discernimento e abertura ao novo, oferece-nos um caminho diferente. Ela, que aceitou o desafio de ser a mãe de Deus, ensina-nos a importância de sair de nossos próprios esquemas, de nos abrirmos ao inesperado e de estarmos dispostos a ser surpreendidos por Deus. Seria muito razoável que a mãe de Jesus preferisse ficar em casa, enquanto seu filho saía para pregar, mas ela escolheu segui-lo, tornou-se sua discípula; é o que parece indicar Jo 2,12, quando o evangelista narra a descida de Jesus a Cafarnaum, após o milagre de Caná. Maria é citada como integrante do grupo que acompanha Jesus. Isso demonstra sua docilidade em se abrir ao projeto missionário de seu filho. Essa presença é observada também no Cenáculo (At 1,14).

A Igreja, por sua vez, tem o desafio de ajudar os jovens a desenvolverem essa capacidade de abertura ao novo e ao diferente. Isso envolve promover uma cultura de reflexão, em que os jovens possam, com a ajuda da Igreja e da comunidade, refletir criticamente sobre o conteúdo que consomem, as influências que seguem e as decisões que tomam. O discernimento cristão não é algo que se desenvolve de forma passiva. Ele exige uma atitude ativa de oração, estudo e abertura ao Espírito Santo. Nesse sentido, a juventude de hoje é chamada a não apenas seguir o que o algoritmo sugere, mas a escutar a voz de Deus, que fala no silêncio e na simplicidade, longe das propagandas midiáticas.

Para muitos jovens, essa bolha digital se torna um ambiente onde eles se sentem confortáveis, seguros, sempre expostos a ideias e conteúdos que já conhecem e com os quais já concordam. Embora isso possa parecer tranquilizador, a fé cristã nos chama a sair desse conforto. Jesus sempre desafiou seus seguidores a "lançar as redes em águas mais distantes" (Lc 5,4), o que significa, por sua vez, fazer o que dá mais trabalho, mas que também é o que traz mais resultado. O Evangelho, afinal, não é uma mensagem que apenas confirma nossas crenças e preferências; ele é uma mensagem que nos desinstala, transforma, renova e, quase sempre, nos coloca em confronto com nós mesmos.

Maria, com seu "sim" corajoso a Deus, ensina-nos a não ter medo de sair dessas bolhas. Quando o anjo Gabriel apareceu a ela, sua vida poderia ter permanecido como era – uma jovem comum em Nazaré, seguindo as tradições e expectativas de sua cultura. Mas não, Maria não ficou na bolha da segurança; ela aceitou o convite de Deus para uma vida de radical abertura ao novo e ao desconhecido. Assim, os jovens de hoje também são chamados a romper com a segurança ilusória de uma vida previsível, para se abrirem ao plano de Deus com a coragem, fé e disposição de Maria.

Geração Caótica

A juventude contemporânea, muitas vezes, é descrita como uma geração que tem dificuldades em relação à força interior e à capacidade de enfrentar o caos da vida. Vivemos em uma época em que o imediatismo, a sobrecarga de informações e a pressão ideológica podem minar a resiliência dos jovens. É comum ouvir que os jovens de hoje são "mais fracos" ou "mais indecisos" do que as gerações anteriores.

No entanto, o caos não é algo que deve ser temido. Na narrativa bíblica da Criação, o caos foi o ponto de partida para a ação criativa de Deus. O Espírito de Deus pairava sobre as águas (Gn 1,2), e foi a partir desse caos que a ordem e a vida foram trazidas à existência. Da mesma forma, o caos que muitos jovens experimentam – seja na forma de incerteza quanto ao futuro, ansiedade sobre escolhas de vida ou a sobrecarga de estímulos digitais – pode ser o terreno fértil para a ação criativa do Espírito.

O que os jovens precisam aprender, com o auxílio da Igreja e exemplo de Maria, é que o caos não é o fim, mas o início de algo novo. Deus age no caos, e é nele que muitas vezes somos chamados a confiar mais profundamente na providência divina. Maria, ao aceitar ser a mãe do Salvador, mergulhou em um tipo de caos pessoal. Seu "sim" trouxe incertezas, desafios e a necessidade de reconfigurar completamente sua vida. No entanto, foi exatamente nesse aparente caos que ela encontrou a realização plena de sua vocação e a alegria de participar de forma singular no plano salvífico.

A geração atual também é marcada por uma sensação de indecisão. Muitos jovens adiam grandes decisões – sobre suas carreiras, seus relacionamentos, suas vocações –, muitas vezes por medo de errar ou de não estarem prontos. Essa indecisão é, em parte, uma consequência da cultura contemporânea, que oferece tantas opções, que escolher uma parece uma tarefa esmagadora. No entanto, é importante lembrar que a indecisão não é, em si, um fracasso. É uma parte natural do processo de discernimento, especialmente quando se trata de decisões que têm um impacto significativo na vida futura.

Maria também enfrentou incertezas. Seu "sim" a Deus não veio sem dúvidas ou questionamentos. No entanto, o que a distingue é a confiança de que, mesmo em meio à incerteza, Deus estava no controle de tudo. A juventude de hoje, ao olhar para Maria, pode encontrar a força necessária para fazer escolhas corajosas, mesmo quando o caminho à frente não está completamente claro. O caos e a indecisão, quando colocados nas mãos de Deus, podem tornar-se oportunidades para um crescimento mais profundo e para a manifestação da graça divina.

Violência Subjetiva

A violência é outro aspecto que marca a experiência de muitos jovens hoje. Embora possamos pensar em violência, principalmente em termos de agressão física, a realidade é que a violência pode manifestar-se de várias maneiras – verbal, emocional e até mesmo digitalmente. No ambiente online, onde muitos jovens passam uma grande parte de seu tempo, a violência se torna particularmente prevalente. Comentários agressivos, cyberbullying e o cancelamento de pessoas por opiniões impopulares são apenas alguns exemplos de como a violência se manifesta no espaço digital. E chama a atenção o fato de que a maioria daqueles que se comportam de forma violenta, não reconhecem que são violentos.

O ambiente digital, com sua natureza imediata e frequentemente impessoal, pode fomentar uma cultura de agressividade e julgamento rápido. Muitos jovens, escondidos atrás da aparente anonimidade das redes, sentem-se à vontade para expressar sua frustração, raiva ou descontentamento de maneiras que jamais fariam em uma interação face a face. Isso cria uma atmosfera de hostilidade que não apenas afeta a saúde mental dos envolvidos, mas também mina a capacidade de diálogo e de construção de relacionamentos saudáveis.

Nesse contexto, Maria aparece como um modelo de paciência, ternura e reconciliação. Em Maria encontramos uma mulher que, mesmo em meio ao sofrimento e à dor, responde com amor e compaixão. Na cruz, quando seu Filho estava sendo crucificado, Maria não retribuiu o ódio com ódio. Ao contrário, ela permaneceu firme em sua fé, oferecendo seu sofrimento em união com o de Cristo para a salvação do mundo. Para os jovens, que muitas vezes sentem a pressão de reagir rapidamente e de forma defensiva no ambiente online, Maria oferece uma lição valiosa: a verdadeira força não está em retaliar, mas em amar. Na *Evangelii Gaudium* Papa Franscisco usa a imagem de um curral para retratar a ternura de Maria:

> Maria é aquela que sabe transformar um curral de animais na casa de Jesus, com uns pobres paninhos e uma montanha de ternura. Ela é a serva humilde do Pai, que transborda de alegria no louvor. É amiga sempre solícita para que não falte o vinho na nossa vida. É aquela que tem o coração trespassado pela espada, que compreende todas as penas. Como Mãe de todos, é sinal de esperança para os povos que sofrem as dores do parto até que germine a justiça. Ela é a missionária que se aproxima de nós, para nos acompanhar ao longo da vida, abrindo os corações à fé com seu afeto materno. Como uma verdadeira mãe, caminha conosco, luta conosco e nos aproxima incessantemente do amor de Deus (EG 286).

O ambiente digital, apesar de seus muitos benefícios, é um terreno fértil para a subjetividade exacerbada, onde a opinião pessoal é frequentemente colocada acima da verdade objetiva. Isso pode levar a uma fragmentação das relações e à incapacidade de ouvir ou entender o outro. A juventude, ao crescer nesse ambiente, enfrenta o desafio de aprender a equilibrar sua voz pessoal com a necessidade de respeitar e ouvir as outras vozes a seu redor. Maria nos mostra a importância do silêncio reflexivo e da escuta ativa. Ela conservava tudo em seu coração (Lc 2,19), meditando sobre os mistérios que vivia. Em um mundo, onde todos parecem falar ao mesmo tempo, a juventude pode aprender com Maria a importância de ouvir antes de falar, de refletir antes de reagir. O silêncio, longe de ser uma forma de passividade, é uma postura ativa de sabedoria.

3. Jovens em ação

Protagonismo Juvenil

A partir de agora, passamos a oferecer algumas reflexões teológicas que irão nos ajudar a entender a relação dos jovens da atual geração com Maria e com a sociedade. Trata-se, na verdade, de um breve ensaio sobre a ação do Espírito Santo na vida do jovem que se descobre filho de Deus. Acredito que por meio dessa intuição possamos avançar em uma pastoral decididamente missionária, encarnada e inclusiva. Não podemos deixar os jovens de fora de nossas iniciativas pastorais, principalmente em tempos de sinodalidade.

A juventude é uma época de energia, entusiasmo e desejo de mudança. Veja o que diz o Papa Francisco:

> Deus é o autor da juventude e Ele trabalha em cada jovem. A juventude é um tempo bendito para o jovem e abençoada para a Igreja e para o mundo. É uma alegria, uma canção de esperança e um bem-aventurança. Apreciar a juventude implica ver este tempo de vida como um momento valioso, e não como uma etapa de passagem na qual os jovens se sentem empurrados para a idade adulta (CV 135).

Isso significa que os jovens não são apenas espectadores na obra de Deus; eles são chamados por Deus para serem protagonistas da história. Essa ideia de protagonismo não é nova, mas, muitas vezes, pensamos na época da juventude como uma fase de preparação e não de realização, de ação. O Espírito Santo age poderosamente nos jovens, e é Ele quem os capacita a serem protagonistas da missão da Igreja. Isso não significa que os jovens devam agir de forma isolada ou independente, mas que eles são parte ativa do Corpo de Cristo, com um papel único e indispensável a desempenhar. Ao longo da história, foram os jovens que muitas vezes lideraram movimentos de renovação espiritual e social na Igreja. Santa Teresa de Lisieux, São Francisco de Assis, São João Paulo II – todos começaram suas jornadas de santidade na juventude, movidos por um profundo desejo de servir a Deus e ao próximo.

O grande teólogo José Comblin, em seu livro "Tempo da Ação: ensaio sobre o Espírito e a História", argumenta que o Espírito Santo é, por excelência, o Espírito da ação que age na Igreja e no mundo, pois "a Igreja não existe a não ser no Espírito e sob movimentação do Espírito"[2]. Isso é particularmente verdade para os jovens, que estão naturalmente inclinados a agir, a fazer a diferença no mundo. No entanto, essa ação precisa ser guiada e orientada. Os jovens têm uma tendência a querer resultados rápidos, mas a obra de Deus muitas vezes exige paciência e perseverança. O protagonismo juvenil, portanto, é um convite para que os jovens usem sua energia e seu entusiasmo a serviço do Reino de Deus. Os jovens são chamados a serem protagonistas "no" Protagonista, que é o Espírito Santo.

Em Maria, vemos claramente o protagonismo do Espírito em ação. Assim que Maria aceitou o convite para ser a mãe do Salvador, apressadamente se pôs a caminho da casa de Isabel para servir (Lc 1,39). Maria é protagonista no Protagonista! O protagonismo juvenil também se manifesta em diversos aspectos da vida comunitária e pastoral. Os jovens, com suas ideias inovadoras e sua energia, têm um papel fundamental na evangelização, na caridade e na transformação social. Ao abraçar a missão de Cristo, eles trazem uma renovação para a Igreja e para o mundo. Porém, para que esse protagonismo seja verdadeiramente eficaz, ele deve ser alimentado por uma vida de oração e discernimento, como fez Maria.

---

2 COMBLIN, J. Tempo da ação: ensaio sobre o Espírito e a história, p. 15.

Sem isso, há o risco de que a ação se torne vazia ou desorientada.

A juventude mariana, em particular, tem um papel importante nesse protagonismo. Maria, como modelo perfeito de entrega total a Deus, é a grande intercessora e guia dos jovens. Aqueles que seguem o exemplo de Maria encontram nela a força para viver uma vida de serviço e de compromisso com os valores do Evangelho. O protagonismo jovem não se limita a uma fase da vida; ele é uma missão contínua de transformação do mundo, inspirada no amor e no serviço a Deus e ao próximo. Toda ação voluntária para o bem é rastro da ação do Espírito, pois, segundo Comblin, "Deus é ação. (...) Ao falar da ação, a teologia entra em seu verdadeiro assunto. Fala da ação de Deus, também da ação dos homens".[3] Quem ama Nossa Senhora não pode ficar parado diante da dor e necessidade do outro. Os jovens de Maria devem ser sempre jovens em ação.

Filiação Divina

A descoberta da filiação divina é, sem dúvida, um dos maiores dons que Cristo nos deu. Saber que somos filhos de Deus muda a maneira como vemos a nós mesmos e o mundo a nosso redor. Diz o apóstolo Paulo que "todos os que são conduzidos pelo Espírito de Deus são filhos de Deus" (Rm 8,14). Trata-se de uma afirmação de consequência escatológica, pois

[3] COMBLIN, J. Tempo da ação: ensaio sobre o Espírito e a história, p. 11.

“se filhos, também herdeiros de Deus e co-herdeiros de Cristo, contanto que soframos com ele, para que também com ele sejamos glorificados” (Rm 8,16-17). No entanto, muitos jovens hoje têm dificuldade de entender ou assimilar essa verdade. Vivemos em uma sociedade que coloca um grande peso sobre o sucesso e a realização pessoal, mas dá pouca importância a questões ligadas à fé. Nesse contexto, a identidade como filhos de Deus pode parecer abstrata ou distante para muitos.

Mas aqui temos um diferencial e uma oportunidade para a juventude mariana: redescobrir essa filiação divina por intermédio de Maria. A piedosa vivência filial junto à Mãe de Deus nos conduz a uma compreensão mais profunda de quem somos aos olhos de Deus. Ela nos lembra que, independentemente de nossas falhas, inseguranças ou dúvidas, somos amados incondicionalmente por Deus. Essa verdade é transformadora e tem o poder de mudar a maneira como os jovens vivem suas vidas. A filiação divina nos dá um senso de propósito que o mundo não pode oferecer. Ao saber que somos filhos de Deus, compreendemos que nossa vida tem um valor intrínseco e que somos chamados a viver de acordo com essa dignidade. Isso não significa que seremos poupados de dificuldades ou desafios – como vimos na vida de Maria –, mas significa que temos a segurança de que Deus está conosco em cada passo do caminho.

Os jovens, ao abraçarem sua identidade como filhos de Deus, são chamados a viverem de maneira diferente. Isso implica uma vida de serviço, de amor e de compromisso com os outros. A filiação divina nos coloca em uma relação especial com todos os outros filhos de Deus, o que significa que somos chamados a tratar os outros com o mesmo amor e respeito que experimentamos do Pai celestial. O mundo de hoje, que muitas vezes promove o individualismo e a competição, precisa urgentemente dessa visão de comunidade e fraternidade que a filiação divina nos proporciona.

Maria, como mãe de todos, ensina-nos a viver essa filiação com humildade e generosidade. Ela, que foi escolhida para ser a Mãe de Deus, nunca buscou para si mesma reconhecimento ou poder. Ao contrário, Maria viveu uma vida de serviço e entrega aos outros. A juventude, ao seguir o exemplo de Maria, é chamada a viver sua filiação divina de maneira concreta, servindo aos outros e buscando sempre o bem comum. Ser "filho de Maria" deve ser muito mais do que um *slogan* ou uma música, é, na verdade, um roteiro existencial e um testemunho da fé cristã.

Mariofania e "Filiifania"

Trago uma palavra nova, talvez no intuito de deixar uma contribuição efetiva para esta reflexão mariológica: o neologismo "filiifania", que traduzo por "manifestação dos filhos". Ao usar esta expressão pela primeira vez em um Congresso de Mariologia, quero ressaltar a importância daquilo que está escrito na Carta aos Romanos: "a criação aguarda ansiosamente a manifestação dos filhos de Deus" (Rm 8,19). Em minha opinião, o conceito de "filiifania" nos ajuda a entender a profunda relação entre as mariofanias – as manifestações de Maria – e a manifestação da filiação divina. Cada vez que Maria aparece, ela nos lembra de nossa identidade como filhos de Deus. Suas aparições ao longo da história, em lugares como Lourdes e Fátima ou as experiências mariais vividas em Aparecida e em outros tantos lugares, são convites para que redescubramos a filiação divina e vivamos de acordo com ela.

Por trás de cada mariofania, há um convite para a conversão e para a redescoberta de nossa identidade cristã. Quando Maria aparece, ela não busca glorificar a si mesma, mas nos aponta para Cristo, para que possamos redescobrir nossa verdadeira vocação como filhos de Deus. Portanto, autênticas mariofanias despertam sinceras "filiifanias", enquanto processos existenciais de manifestação da filiação divina. Os jovens, em particular, são muito abertos a esse tipo de experiência. Ao experimentarem as mariofanias, seja por meio de peregrinações, grupos de oração ou devoções marianas, os jovens aprofundam sua relação com Deus e se redescobrem como filhos amados. Essas experiências não acontecem apenas em momentos de oração, mas transbordam para a vida cotidiana – são verdadeiras oportunidades de transformação pessoal e comunitária.

As mariofanias também nos lembram que a filiação divina é universal. Maria aparece a pessoas de todas as culturas, raças e línguas, mostrando que somos todos parte da mesma família de Deus. Isso é especialmente importante em um mundo marcado pela divisão e pelo conflito. A juventude, ao vivenciar as mariofanias, é chamada a viver essa unidade e a trabalhar pela paz e pela reconciliação em suas comunidades. O impacto das mariofanias vai além do devocional. Elas inspiram movimentos de fé e renovação que continuam a transformar o mundo. A juventude mariana, ao abraçar os apelos evangélicos de Nossa Senhora, é chamada a ser protagonista dessa transformação no mundo, vivendo sua filiação divina de maneira concreta e buscando sempre o bem dos outros. A filiifania, portanto, não é apenas uma experiência individual, mas um chamado universal para testemunhar o amor de Deus a toda a humanidade.

Conclusão

Quero terminar citando o profeta Joel que disse em nome de Deus: "Derramarei meu Espírito sobre todo o ser vivo; vossos filhos e vossas filhas profetizarão; vossos anciãos terão sonhos e vossos jovens terão visões" (Jo 3,1). O "sonho" tem a ver com a memória, com a recordação, ainda que fantasiosa de algo que está presente na mente de quem sonha. Já a visão traz um elemento novo, uma nova forma de ver as coisas. Tanto o sonho quanto a visão estão a serviço da profecia, mas afirmar que os jovens terão visões é dar à juventude a oportunidade de ver, de olhar para o futuro e decidir mudá-lo, no hoje da história. Em um mundo marcado pela instabilidade civil e pela ameaça climática, nunca foi tão necessário "sonhar" e "ver". Os jovens são chamados a serem protagonistas e o tempo da juventude é sempre o agora.

A Igreja latino-americana disse em Puebla:

> A Igreja tem consciência de que "o que importa é evangelizar não de maneira decorativa como se se tratasse de um verniz superficial" (EN 20). Esta Igreja que com nova lucidez e nova decisão quer evangelizar no fundo, na raiz, na cultura do povo, volta-se para Maria para que o Evangelho se torne mais carne, mais coração na América Latina. Esta é a hora de Maria, isto é, o tempo do Novo Pentecostes a que ela preside com sua oração, quando, sob o influxo do Espírito Santo, a Igreja inicia um novo caminho em seu peregrinar (DP 303).

Vivemos "na hora de Maria". Esse é o tempo em que sua presença e intercessão são mais necessárias do que nunca. Em um mundo que enfrenta tantos desafios – desde a fragmentação social até a crise espiritual – Maria apresenta-se como uma guia segura, apontando sempre para Cristo e nos lembrando de nossa identidade como filhos de Deus.

A hora de Maria não pode ser apenas devocional, mas um chamado à ação. Ela nos convida a sermos protagonistas da renovação da Igreja e do mundo. Isso é especialmente verdadeiro para os jovens, que têm a energia, a criatividade e o desejo de transformar o mundo. Ao seguir o exemplo de Maria, a juventude pode encontrar a força e a coragem de que precisa para enfrentar os desafios do presente e construir um futuro melhor.

Maria nos lembra que não estamos sozinhos nessa jornada. Ela, que intercede continuamente por nós, caminha a nosso lado, guiando-nos em direção a seu Filho. A juventude, que muitas vezes enfrenta sentimentos de solidão e angústias próprias dessa fase da vida, pode encontrar em Maria uma mãe amorosa e uma companheira fiel. Ela nos ensina que, mesmo em meio às dificuldades, Deus está sempre conosco e tem um plano de amor para cada um de nós. É com ela que conseguiremos viver nossa filiação divina em plenitude.

A hora de Maria também é um tempo de renovação espiritual. Em todas as suas aparições, Maria nos chama à oração, à conversão e ao compromisso com o Evangelho. Ela nos lembra que a verdadeira transformação começa no coração, e que, para mudarmos o mundo, primeiro precisamos permitir que Deus mude nossas vidas. Os jovens de Maria, ao viverem essa renovação espiritual, podem tornar-se uma luz *on life* para a humanidade, irradiando o amor de Cristo para todos.

Por fim, a hora de Maria é um convite à esperança. Em um mundo marcado por tanta dor e sofrimento, Maria nos aponta para a esperança em Cristo, que venceu a morte e nos oferece a vida eterna. Ela nos lembra que, independentemente dos desafios que enfrentamos, Deus está no controle e nos ama incondicionalmente. A geração atual, ao viver essa esperança, cumpre também a profecia "todas as gerações me proclamarão bem-aventurada" (Lc 1,48).

Referências

COMBLIN, José. *O Tempo da Ação: Ensaio sobre o Espírito e a História*. Petrópolis: Vozes, 1982.

CONSELHO EPISCOPAL LATINO-AMERICANO. *Conclusões da Conferência de Puebla: Evangelização no presente e no futuro da América Latina*. São Paulo: Paulus, 1982.

FRANCISCO. *Christus Vivit para os jovens e para todo o Povo de Deus*. São Paulo: Paulus, 2019.

________. FRANCISCO. *Evangelii Gaudium, a alegria do Evangelho: sobre o anúncio do Evangelho no mundo atual*. São Paulo: Edições Loyola: Paulus, 2013.

Este livro foi composto com as famílias tipográficas Bookmania e Cormorant Unicase impresso em papel Offset 70gr pela **Gráfica Santuário.**